c.1

WILLIAMS-SONOMA

ITALIANA

RECETAS Y TEXTO
PAMELA SHELDON JOHNS

EDITOR GENERAL
CHUCK WILLIAMS

FOTOGRAFÍA
NOEL BARNHURST

TRADUCCIÓN
CONCEPCIÓN O. DE JOURDAIN
LAURA CORDERA L.

degustis

MÉXICO

CONTENIDO

PLATOS PRINCIPALES

VERDURAS

POSTRES

INTRODUCCIÓN

Durante mis múltiples viajes a Italia en los últimos cuarenta años, siempre he apreciado dos cualidades de la cocina italiana: su sencillez y su vibrante y complaciente sabor. Servidas en casa o en el restaurante, la mayoría de las comidas son lo suficientemente sencillas para poder prepararse justo antes de llevarse a la mesa. Cada platillo se realza con el uso de ingredientes frescos y sabores naturales. El aceite de oliva, el ajo y las hierbas aromáticas sazonan las salsas para la pasta, ensalada, carne, y pescado. La ralladura de los cítricos y las nueces infunden un estilo casero a los postres como el gelato y el biscotti. Usted encontrará todo esto disponible en esta colección de recetas italianas.

Si usted nunca ha preparado su propia masa para la pasta, le va a gustar revisar la sección de temas básicos al final de este libro. Esta sección también explica cómo hacer el risotto, uno de los muchos platillos típicos de Italia. Busque más técnicas e información en el índice y en las notas laterales ilustradas que acompañan a todas las recetas. Con las hermosas fotografías a color como fuente de inspiración, usted querrá convertir estos platillos italianos en parte de su cocina diaria.

Chuck Williams

LAS CLÁSICAS

Italia está compuesta geográfica y culturalmente por veinte regiones diversas, cada una con sus propias raíces en sus especialidades culinarias. Sin embargo muchos de estos platillos locales, desde el linguini con pesto de Liguria y la pizza Margarita de Campania hasta el osso buco de Lombardía, han cruzado las fronteras regionales para convertirse en platillos clásicos nacionales e internacionales.

PIZZA MARGARITA
10

SOPA DE PASTA Y FAGIOLI
13

LINGUINI CON
PESTO, EJOTES Y PAPAS
14

RISOTTO CON HONGOS
17

RIBOLLITA
18

BISTECCA A LA FLORENTINA
21

PAPPARDELLE CON RAGÚ A LA BOLOÑESA
22

OSSO BUCO CON RISOTTO ESTILO MILÁN
25

PIZZA MARGARITA

Para hacer la masa, en el tazón de una batidora de pedestal, rocíe la levadura seca en el agua caliente y déjela reposar aproximadamente 4 minutos, hasta que espume. Si usa levadura fresca, mézclela con agua tibia hasta que se disuelva. Coloque el tazón en la batidora adaptada con el gancho para amasar y añada el aceite de oliva, la harina de semolina y la sal; mezcle hasta integrar. Agregue la harina de trigo, ½ taza (75 g/2½ oz) a la vez, y amase aproximadamente 10 minutos, hasta que esté suave pero no pegajosa.

Forme una bola con la masa, póngala en un tazón ligeramente engrasado, y voltéela para cubrirla con aceite. Cubra el tazón con una toalla de cocina y deje reposar en un lugar caliente, sin corriente de aire, por aproximadamente 1 hora, para que se esponje y duplique su volumen.

Precaliente el horno a 230°C (450°F). Si desea, ponga 2 piedras para pizza en la parrilla central del horno. Golpee la masa, pásela a una superficie de trabajo ligeramente enharinada y divídala en 6 bolas iguales, amasándolas momentáneamente a medida que les da la forma. Cubra con la toalla y déjelas reposar aproximadamente 45 minutos, para que se esponjen y dupliquen su tamaño.

Trabajando con 2 bolas de masa a la vez, aplane cada una y extiéndala o aplánela cuidadosamente para formar un círculo de 20 cm (8 in) de diámetro. Coloque los círculos en una charola de hornear enharinada o una charola para pizza. Cubra con 2 ó 3 cucharadas de jitomates picados sobre cada uno de los círculos, dejando un margen de 12 mm (½ in) alrededor de la orilla de la masa. Distribuya 3 ó 4 rebanadas de queso mozzarella sobre los jitomates. Espolvoree con sal al gusto y rocíe con aceite de oliva.

Ponga las pizzas en el horno o sobre las piedras precalentadas, si las usa. Hornee de 7 a 10 minutos, hasta que las orillas estén doradas. Usando una espátula, retire las pizzas del horno. Cubra cada pizza con hojas de albahaca. Mientras hornea cada par de pizzas, acomode las siguientes pizzas en otra charola de hornear o en una charola de pizza.

RINDE 6 PORCIONES

MOZZARELLA DE BÚFALA

Nápoles es considerado como el lugar de origen de la pizza. Las dos pizzas tradicionales de Nápoles son la sencilla de salsa marinara de jitomate y hierbas; y la pizza Margarita, de jitomates, *mozzarella di bufala,* y albahaca. El mejor mozzarella está hecho con la leche de búfala de agua. Si usted no lo encuentra, sustitúyalo por la versión de leche de vaca, *fior di latte.* Ambos quesos son suaves, blancos como porcelana y se derriten rápidamente. Vienen empacados en suero para mantener su frescura y tienen varias formas y tamaños, desde los pequeños bocados llamados *bocconcini* or *cardinalini* thasta los círculos grandes.

PARA LA MASA:

1 sobre (2½ cucharaditas) de levadura seca activa o 1 pastilla prensada de levadura fresca

1½ tazas (375 ml/12 fl oz) de agua caliente (40°C a 46°C/105°F-115°F) para levadura seca o agua tibia (27°C a 32°C/80°F-90°F) para levadura fresca

2 cucharadas de aceite de oliva extra virgen

½ taza (75 g/2½ oz) de harina de semolina

1 cucharada de sal

3 ó 4 tazas (470 a 625g/15-20 oz) de harina de trigo (simple) más la necesaria para espolvorear

6 jitomates roma, cortados en trozos grandes, o 6 jitomates enteros de lata, preferentemente San Marzano, drenados y picados toscamente

375 g (¾ lb) de queso mozzarella de Búfala, escurrido y cortado en rebanadas de 6 mm (¼ in) de grueso

Sal

Aceite de oliva extra virgen, para rociar

Hojas de albahaca fresca, para adornar

SOPA DE PASTA Y FAGIOLI

1 taza (220 g/7 oz) de frijoles secos cranberry (arándano) o borlotti

2 dientes de ajo

7 ramas de romero fresco

3 cucharadas de aceite de oliva extra virgen

1 cebolla amarilla o blanca, finamente picada

1 zanahoria, sin piel y finamente picada

1 tallo de apio, finamente picado

8 tazas (2 l/64 fl oz) de caldo de pollo (página 111)

1 cucharada de perejil liso (italiano) fresco, picado

185g (6 oz) de fusilli u otro tipo de pasta seca moldeada

Sal y pimienta recién molida

Remoje los frijoles secos en agua con el ajo y una de las ramas de romero (*right*). Escurra los frijoles, reservando el ajo y el romero.

En una olla grande sobre fuego medio, caliente el aceite de oliva. Añada la cebolla, la zanahoria y el apio; saltee de 6 a 8 minutos, hasta que la cebolla esté dorada.

Añada el caldo de pollo, los frijoles escurridos, el ajo y el romero reservado. Deje hervir, reduzca a fuego bajo, añada el perejil, tápelo parcialmente y deje hervir a fuego lento, moviendo ocasionalmente, de 1 a 1½ horas, hasta que los frijoles estén suaves. Eleve la temperatura a media, agregue la pasta y cocínela al dente, de 8 a 10 minutos.

Retire y deseche la rama de romero. Sazone la sopa al gusto con sal y pimienta. Sírvala en 6 tazones precalentados, adorne con las ramas de romero restantes y sirva.

RINDE 6 PORCIONES

REMOJANDO LOS FRIJOLES

Los frijoles secos (*fagioli*) necesitan prehidratarse antes de usarse en las recetas. Escoja los frijoles y retire los que están deformes y la gravilla. Enjuague los frijoles, póngalos en un tazón, añada bastante agua para cubrirlos y algunas hierbas u otras especias que necesite la receta; déjelos remojar por lo menos 4 horas o durante toda la noche. Escurra y use como lo indique la receta. Para un remojo rápido, mezcle los frijoles, agua y especias en una olla; hierva a fuego lento 2 minutos. Apague el fuego, cubra y deje reposar por lo menos 1 hora. Escurra y use como se indica.

LINGUINI CON PESTO, EJOTES Y PAPAS

PESTO
Para hacer esta rica y
brillante salsa verde de
Liguria, ponga 3 dientes de
ajo en el procesador de
alimentos hasta picar en
trozos grandes. Añada 2
tazas (60 g/2 oz) de hojas
frescas de albahaca
empacadas holgadamente y
¼ taza (30 g/1 oz) de
piñones, tostados (página 63)
y muela hasta que estén
finamente picados. Con el
procesador de alimentos
funcionando, añada
gradualmente ½ taza (125
ml/4 fl oz) de aceite de oliva
extra virgen. Ponga el pesto
en un tazón e incorpore ¼
taza (30 g/1 oz) de queso
Parmesano recién rallado.
Rinde aproximadamente 1
taza (250 ml/8 fl oz).

Ponga a hervir una olla con tres cuartas partes de agua. Agregue los ejotes y cocínelos aproximadamente 4 minutos, hasta que estén tiernos y crujientes. Usando una cuchara ranurada pase los ejotes a una coladera, enjuague bajo el chorro de agua fría y deje escurrir. Vuelva a hervir el agua, añada las rebanadas de papa y cocínelas aproximadamente 4 minutos, hasta que estén suaves pero firmes. Escurra, enjuague bajo el chorro de agua fría y escurra una vez más.

Mientras tanto, ponga a hervir una olla grande de agua. Agréguele bastante sal, añada la pasta y cocínela al dente, de 7 a 8 minutos. Añada los ejotes y las papas durante el último minuto del cocimiento. Escurra, reservando 1 taza (250 ml/8 fl oz) del agua en donde coció la pasta.

Ponga la pasta, los ejotes y las papas en un platón precalentado y poco profundo. Añada el pesto y la cantidad suficiente del agua reservada para hacer una salsa líquida; revuelva suavemente. Sirva de inmediato.

RINDE 6 PORCIONES

250 g (½ lb) de ejotes, limpios y cortados en trozos de 7.5 cm (3 in)

2 papas russet o rojas, sin piel y en rebanadas de 12 mm (½ in) de ancho

Sal

500 g (1 lb) de linguini seco

Pesto *(vea explicación a la izquierda)*

RISOTTO CON HONGOS

8 ó 9 tazas (2 a 2.25 l/64-72 fl oz) de caldo de pollo (página 111)

½ taza (15 g/½ oz) de hongos porcini secos

¼ taza (60 ml/2 fl oz) de aceite de oliva extra virgen

4 dientes de ajo, finamente picados

250 g (½ lb) de variedad de hongos silvestres frescos como el shiitake, portobello, oyster y chaterelle, sin tallos, con las copas cepilladas y finamente rebanados

250 g (½ lb) de champiñones frescos, sin tallos, con las copas cepilladas y finamente rebanados

¼ taza (10 g/⅓ oz) de perejil liso (italiano) fresco, finamente picado

2 cucharaditas de tomillo fresco, finamente picado

3 tazas (655 g/21 oz) de arroz Arborio o Carnaroli

1 taza (250 ml/8 fl oz) de vino blanco seco, a temperatura ambiente

2 cucharadas de mantequilla sin sal

Sal y pimienta recién molida

En una olla, hierva el caldo. Retire del fuego y agregue los hongos porcini secos. Déjelos remojar cerca de 20 minutos. Escurra los hongos en un colador cubierto con doble capa de manta de cielo (muselina), presionándolos suavemente para que salga el caldo; reserve. Regrese el caldo a la olla y hierva sobre fuego medio. Manténgalo hirviendo lentamente sobre fuego bajo. Pique el porcini y reserve.

En una olla grande y gruesa, caliente el aceite de oliva a fuego medio. Agregue el ajo y saltee hasta suavizar, aproximadamente 2 minutos. Añada los hongos frescos y cocínelos aproximadamente 5 minutos, moviendo frecuentemente, hasta suavizar. Agregue el porcini picado, perejil, tomillo y ½ taza (125 ml/4 fl oz) de caldo hirviendo; cocine aproximadamente 5 minutos, hasta que espese. Usando una cuchara ranurada, pase los hongos a un tazón y reserve.

Añada el arroz a la misma olla. Mezcle sobre fuego medio hasta que los granos estén translucidos y tengan un punto blanco en el centro, aproximadamente 3 minutos. Agregue el vino y mezcle hasta que se absorba completamente.

Añada un cucharón del caldo hirviendo cada la vez, y mueva después de cada adición. Espere hasta que casi todo el caldo se absorba (pero sin que el arroz quede seco en la superficie) antes de añadir el siguiente cucharón. Reserve ¼ taza (60 ml/2 fl oz) de caldo para añadir al final.

Cuando el arroz se sienta suave al morderlo pero su centro esté ligeramente firme y se vea cremoso, aproximadamente 18 minutos, agregue la mezcla de los hongos y un cucharón del caldo. Cocine de 2 a 3 minutos más, moviendo ocasionalmente, hasta que los hongos estén totalmente calientes y el arroz esté al dente. Retire del fuego e integre la mantequilla y el caldo restante. Sazone al gusto con sal y pimienta y sirva de inmediato.

RINDE 6 PORCIONES

HONGOS PORCINI

Porcini (puercos pequeños en italiano) son unos hongos gruesos con textura firme y sabor natural. Sus copas grandes, suaves y de color café claro, se parecen al cremini, pero sus tallos son gruesos y abultados. Estos hongos silvestres crecen en la primavera y el otoño en clima caliente y húmedo, por lo general cerca de los castaños. Los hongos porcini frescos son difíciles de encontrar fuera de Europa. Afortunadamente son de los mejores hongos del mundo para secar. Los porcini secos en rebanadas tienen mucho sabor y sólo se necesita una pequeña cantidad para impartir su esencia a madera.

RIBOLLITA

Si usa frijoles secos, póngalos a remojar en una olla con bastante agua hasta cubrirlos. Hiérvalos sobre fuego alto, reduzca el fuego a bajo, tápelos parcialmente y déjelos hervir a fuego lento hasta que estén suaves, de 1 a 1½ hora. Escúrralos bien. Si usa frijoles enlatados, escurra y reserve.

Pique la cebolla y el tallo de apio. Pele y pique las zanahorias. Pele y corte la papa en cuadros. Recorte las puntas de las calabacitas y córtelas en cuadros. En una olla grande para sopa, caliente ½ taza de aceite de oliva a fuego medio. Añada la cebolla, el apio y las zanahorias y saltee de 3 a 4 minutos hasta que la cebolla esté dorada. Añada la coliflor y cocine aproximadamente 5 minutos, moviendo frecuentemente, hasta que esté suave y crujiente. Añada el *cavolo nero*, las acelgas, las calabacitas y las papas (en ese orden) y cocine moviendo durante 5 minutos.

Añada la mezcla de hierbas y los frijoles enlatados o cocidos. Vierta el caldo, hierva sobre fuego medio y cocine, sin tapar, cerca de 30 minutos, hasta que las verduras estén suaves. Sazone al gusto con sal y pimienta. Retire del fuego.

Mientras tanto, precaliente el horno a 220°C (425°F).

Vierta suficiente sopa a un refractario de 23 x 33 cm (9 x 13in) para cubrir el fondo. Cubra con 4 ó 5 rebanadas de pan, recortándolas si es necesario, y luego otra capa de sopa. Espolvoree una tercera parte del queso Parmesano uniformemente. Repita las capas de pan, sopa y Parmesano dos veces más. Hornee aproximadamente 20 minutos, hasta que esté totalmente caliente. Retire del horno y rocíe con el aceite de oliva.

Sirva la *ribollita* en los tazones de sopa precalentados.

RINDE 6 PORCIONES

RIBOLLITA

El ingrediente que hace la auténtica *ribollita* es el *cavolo nero*, col negra, una verdura de hojas verde oscuro. (Se puede sustituir por col rizada, una verdura similar que tiene hojas verde fuerte). La *Ribollita* es un platillo toscano tradicional que se cocina durante 2 ó 3 días. Empieza como una copiosa sopa de verduras. Se pone en capas al momento de hacerla o con restos de comida y pan del día anterior para hacer *zuppa di pane*, o sopa de pan. Cuando la sopa se vuelve a hervir o se hornea hasta que esté caliente y se rocía con aceite de oliva, se convierte en *ribollita*. Esta receta presenta una versión que se prepara y se sirve el mismo día.

1 taza (220 g/7 oz) de frijoles cannellini secos, remojados (página 13), o 1 lata (470 g/15 oz) de frijoles cannellini

1 cebolla amarilla o blanca

1 tallo de apio

2 zanahorias

1 papa grande para hervir

2 calabacitas (courgettes)

½ taza (125 ml/4 fl oz) de aceite de oliva extra virgen, más el necesario para rociar

1 taza (90 g/3 oz) de coliflor, picada toscamente

4 ó 5 hojas de *cavolo nero (vea explicación a la izquierda)* u hojas de col rizada, cortadas en tiras

1 taza (60 g/2 oz) de hojas de acelgas, cortadas en tiras

¼ taza (10 g/⅓ oz) de hierbas frescas, finamente picadas, incluyendo perejil liso (italiano) fresco, romero y salvia

2.5 l (2½ qt) de caldo de pollo o de verduras (página 111)

Sal y pimienta recién molida

12 ó 15 rebanadas de pan seco del día anterior, con corteza

½ taza (60 g/2 oz) de queso Parmesano recién rallado

BISTECCA A LA FLORENTINA

2 tazas (440 g/14 oz) de
frijoles cannellini secos,
remojados (página 13), o 2
latas (470 g/15 oz cada
una) de frijoles cannellini

3 cucharadas de aceite de
oliva extra virgen más el
necesario para barnizar

Sal y pimienta recién
molida

2 filetes T-bone o
porterhouse de 1.75 a 2 kg
(3½-4 lb) de peso total y
de 4 a 5 cm (1½–2 in) de
grueso

1 cucharada de tomillo
fresco, finamente picado

1 manojo de arúgula, sin
tallo

2 limones en cuarterones

Si usa frijoles secos, remójelos en una olla grande con agua hasta cubrirlos. Hierva sobre fuego alto, reduzca a fuego bajo, tape parcialmente y hierva a fuego lento hasta que estén suaves, de 1 a 1½ hora. Escurra los frijoles. Vuelva a colocar en la olla integrando 3 cucharadas de aceite de oliva. Sazone al gusto con sal y pimienta y manténgalos calientes. Si usa frijoles enlatados, escúrralos bien, colóquelos en una olla grande sobre fuego bajo, integre 3 cucharadas de aceite de oliva y sazone al gusto con sal y pimienta. Cocine los frijoles hasta que estén calientes, retírelos del fuego y manténgalos calientes.

Mientras tanto, prepare el carbón en un asador y deje quemar hasta que los carbones estén cubiertos por una ceniza blanca. Deje los carbones apilados en el centro de la parrilla, no los extienda. Para un asador de gas, precaliente a fuego alto. Barnice la parrilla del asador con aceite.

Espolvoree los filetes con sal y pimienta. Usando pinzas (para evitar perforar la carne), ponga los filetes en la parrilla y cocine de 15 a 18 minutos en total, volteando una vez, hasta que estén dorados y sellados por fuera y cocidos término rojo en el centro, o hasta que estén al término deseado *(vea explicación a la derecha)*. Para hacerles las marcas cruzadas del asador, rote la carne 90° una vez durante el cocimiento del primer lado.

Pase los frijoles a un platón profundo y espolvoree con el tomillo. Coloque una cama de arúgula sobre un platón. Cubra con los filetes, espolvoree con pimienta y acompañe con los cuarterones de limones. Para servir, corte los filetes en rebanadas gruesas y acompañe con los frijoles.

Nota: Este famoso platillo florentino tradicionalmente usa carne de res de Chianina de la Toscana. Para sustituirla, busque un filete de buena calidad. En esta receta, los filetes se sirven con otro platillo clásico toscano, los frijoles cannellini.

RINDE 4 PORCIONES

ASANDO CARNE DE RES
Las zonas del asador con diferentes temperaturas se pueden usar para cocinar los filetes al término deseado. Ase los filetes de 5 cm (2 in) de grueso sobre la parte más caliente del fuego, voltee una vez y pase al perímetro de la parrilla si hay flamazos. Ase de 15 a 18 minutos en total para término rojo, de 18 a 22 minutos para término medio. Para filetes bien cocidos, ase sobre fuego alto de 18 a 25 minutos, y luego pase a la parte más fría de la parrilla y cocine de 5 a 10 minutos. Un termómetro de lectura instantánea deberá registrar de 49°C a 52°C (120°F–125°F) para término rojo, 60°C (140°F) para término medio, y 65°C a 71°C (150°F–160°F) para bien cocido.

PAPPARDELLE CON RAGÚ A LA BOLOÑESA

En una olla grande sobre fuego medio-alto, caliente el aceite de oliva. Agregue la pancetta, cebolla, apio y zanahoria. Saltee de 4 a 5 minutos, hasta que la cebolla esté dorada.

Añada la res y el puerco, saltee sobre fuego medio-alto de 3 a 4 minutos, hasta dorar ligeramente. Añada el caldo, déjelo hervir, reduzca a fuego bajo y deje hervir a fuego lento, moviendo frecuentemente, de 35 a 40 minutos, hasta que espese. Integre el puré de jitomate y caliente. Sazone con sal y pimienta al gusto.

Mientras tanto, ponga a hervir agua en una olla grande. Agregue bastante sal, añada la pasta y cocine de 2 a 3 minutos, hasta que esté al dente. Escurra y pase a un tazón grande y poco profundo, previamente calentado. Bañe la pasta con la salsa y sirva de inmediato.

Nota: Pídale a su carnicero que pique la carne de res y puerco. También puede comprar la carne molida toscamente.

RINDE 6 PORCIONES

PAPPARDELLE

Estos listones anchos de pasta, que varían entre 12 mm (½ in) a 2.5 cm (1 in) de ancho, son ideales para servir con salsas copiosas como la salsa de carne a la Boloñesa. Extienda la pasta con el rodillo (página 110) y deje reposar, coloque sobre una superficie de trabajo ligeramente enharinada. Corte la pasta en listones de 2.5 cm de ancho, para este platillo, usando una rueda para pasta de punta lisa o un cuchillo filoso delgado. El pappardelle seco, que se vende en los supermercados bien surtidos o en tiendas especializadas, puede sustituir al recién hecho; incremente el tiempo de cocimiento de 7 a 8 minutos.

¼ taza (60 ml/2 fl oz) de aceite de oliva extra virgen

125 g (¼ lb) de pancetta (página 51), finamente picada

1 cebolla amarilla o blanca, finamente picada

1 tallo de apio, finamente picado

1 zanahoria, sin piel y finamente picada

250 g (½ lb) de paletilla o lomo de res, finamente picado (vea Nota)

125 g (¼ lb) de puerco, finamente picado (vea Nota)

1½ tazas (375 ml/12 fl oz) de caldo de carne (página 111)

3 cucharadas de puré de jitomate

Sal y pimienta recién molida

Masa para hacer pasta fresca (página 110), cortada en listones de 2.5 cm (1 in) de ancho *(vea explicación a la izquierda)*

OSSO BUCO CON RISOTTO ESTILO MILÁN

¾ taza (125 g/4 oz) de harina de trigo

Sal y pimienta recién molida

6 rodillas de ternera, aproximadamente 3 kg (6 lb) de peso total, cortadas transversalmente en trozos de 2.5 cm (1 in) de ancho

¾ taza (180 ml/6 fl oz) de aceite de oliva extra virgen

1 cebolla amarilla o blanca, picada toscamente, más ½ taza (75 g/2½ oz), finamente picada

1 zanahoria, sin piel y cortada en dados

1 tallo de apio, cortado en dados

2 dientes de ajo, finamente picados

1½ taza (375 ml/12 fl oz) de vino tinto seco

11 tazas (2.75 l/88 fl oz) de caldo de carne (página 111)

3 tazas (655 g/21 oz) de arroz Arborio o Carnaroli

1 taza (250 ml/8fl oz) de vino blanco seco

2 pizcas de hilos de azafrán remojados en ¼ taza (60 ml/2 fl oz) de caldo de carne caliente

¼ taza (60 g/2 oz) de mantequilla sin sal

1 taza (125 g/4 oz) de queso Parmesano, recién rallado

Gremolata (vea explicación a la derecha)

Ponga la harina en un tazón ancho y poco profundo; sazone con sal y pimienta. Enharine la ternera, cubriendo uniformemente y sacudiendo el exceso. En una sartén grande y gruesa, caliente sobre fuego medio-alto, ½ taza (120 ml/4 fl oz) de aceite de oliva. Agregue la ternera y dore cerca de 4 minutos por cada lado. Pase a un platón.

Vuelva a poner la sartén a fuego medio, añada la cebolla en trozos grandes, la zanahoria, el apio y el ajo; saltee de 3 a 4 minutos, hasta suavizar. Añada el vino tinto y desglace la sartén, revolviendo para raspar todos los trocitos dorados del fondo de la sartén. Eleve la temperatura a fuego alto y cocine de 3 a 4 minutos, hasta que el líquido espese y se reduzca a la mitad. Añada 5 tazas (1.25 l/40 fl oz) del caldo y deje hervir. Reduzca a fuego bajo, vuelva a colocar la ternera en la sartén, tape y hierva a fuego lento, aproximadamente 1 hora, volteando ocasionalmente. Destape y cocine cerca de 30 minutos más, hasta que la ternera esté suave.

Mientras tanto, en una olla sobre fuego medio, ponga a hervir a fuego lento las 6 tazas (1.5 l/48 fl oz) restantes del caldo y mantenga a fuego bajo. En una olla grande y gruesa sobre fuego medio, caliente el ¼ de taza (60 ml/2 fl oz) restante de aceite. Añada la cebolla finamente picada y saltee de 4 a 5 minutos, hasta suavizar. Añada el arroz y mezcle de 3 a 4 minutos, hasta que cada grano esté translúcido y tenga un punto blanco en el centro. Añada el vino blanco y mezcle hasta que se absorba totalmente.

Agregue el caldo hirviendo, un cucharón cada vez, moviendo frecuentemente después de cada adición. Espere hasta que el caldo se absorba totalmente (pero el arroz no se seque en la superficie) antes de añadir el siguiente cucharón. Reserve aproximadamente ¼ de taza (60 ml/2 fl oz) del caldo para añadir al final. Cuando el arroz se sienta suave al morderlo pero esté ligeramente firme en el centro y se vea cremoso, aproximadamente después de 18 minutos, añada la mezcla del azafrán. Integre la mantequilla, el queso y el caldo reservado. Sazone con sal y pimienta. Pase el risotto a un platón caliente. Cubra con la ternera, adorne con la *gremolata*, y sirva inmediatamente.

RINDE 6 PORCIONES

GREMOLATA

La *gremolata* es una guarnición tradicional para el osso buco con la que se cubre la ternera cocida o se ofrece en la mesa para sazonar porciones individuales del platillo final. El calor permite que la *gremolata* despida sus aceites y distribuya su fresco sabor. Para hacer gremolata, mezcle ½ taza (20 g/¾ oz) de perejil liso (italiano) fresco, finamente picado, la ralladura fina de 1 limón y 2 dientes de ajo, finamente picados, en un pequeño tazón y revuelva hasta integrar por completo. La *gremolata* también complementa otros platillos de ternera como la pasta con salsa de ternera o algunas verduras como los ejotes. Rinde aproximadamente ½ taza (20 g/¾ oz).

ANTIPASTO

Una comida típicamente italiana empieza con antipasto, un platillo pequeño o en ocasiones raciones pequeñas de dos o tres platillos, diseñados para estimular el apetito para el siguiente plato. Puede ser tan sencillo como la ensalada de jitomate y pan conocida como panzanella *o tan complejo como los suaves mariscos y verduras fritos en el* fritto misto.

TRÍO DE CROSTINI

28

CIPOLLINE AGRIDULCE

31

ENSALADA DE MARISCOS

32

PANZANELLA

35

FRITTO MISTO

36

FRITTATA CON PIMIENTOS DULCES Y SALCHICHAS

39

TERNERA TONNATO

40

TRÍO DE CROSTINI

UNTO DE ACEITUNA
En Italia se produce el aceite de oliva con algunas variedades de aceitunas. Otros tipos de aceitunas se usan para preparar salsas para diferentes platillos como: pastas, carnes y pescados, como este unto para *crostini*. Las aceitunas negras maduras, cuyo sabor pleno se prefiere para cocinar, se curten en sal, aceite o salmuera y algunas veces se marinan con hierbas y especias. Para hacer el unto de aceituna, mezcle 1 taza (185 g/6 oz) de aceitunas negras sin hueso, curtidas en sal, aceite "o salmuera"; 2 cucharadas de aceite de oliva extra virgen; y ½ cucharadita de ralladura de naranja finamente rallada, en un procesador de alimentos y pulse hasta que la mezcla esté suave.

En una sartén para saltear sobre fuego medio, caliente 2 cucharadas de aceite de oliva. Añada la cebolla amarilla, la zanahoria y el apio y saltee de 3 a 4 minutos, hasta que la cebolla esté dorada. Agregue los frijoles, ½ taza (125 ml/4 fl oz) del caldo, el ajo y el romero. Hierva a fuego lento, sin tapar, hasta que la mayoría del caldo se haya evaporado, cerca de 10 minutos. Retire del fuego, sazone con sal y pimienta; deje enfriar a temperatura ambiente.

Derrita la mantequilla con las dos cucharadas restantes de aceite en una sartén para saltear sobre fuego medio. Añada la pancetta y la cebolla blanca; saltee de 3 a 4 minutos, hasta que la cebolla esté dorada. Agregue los hígados de pollo y la ½ taza del caldo restante. Cocine de 12 a 15 minutos, hasta que los hígados estén firmes al tacto y el caldo haya espesado. Añada el vino y revuelva raspando el fondo para levantar los pedacitos dorados. Retire del fuego y deje enfriar a temperatura ambiente.

En un procesador de alimentos, haga un puré con la mezcla de los frijoles hasta que esté suave. Pase a un tazón y lave el tazón del procesador de alimentos. Haga un puré con la mezcla de los hígados hasta que esté suave. Pase a un tazón, integre el perejil y el tomillo finamente picados; sazone al gusto con sal y pimienta.

Unte una capa delgada del puré de frijol sobre 6 *crostini* y adorne cada uno con una rebanada del jitomate deshidratado. Repita la operación con el puré de hígado, adornando cada *crostini* con una rebanada de manzana. Haga otros 6 *crostini* con el unto de aceitunas, cubriendo con una hoja de perejil. Sirva inmediatamente.

RINDE 6 PORCIONES

4 cucharadas (60 ml/2 fl oz) de aceite de oliva extra virgen

2 cucharadas de las siguientes verduras: cebolla amarilla o blanca, zanahoria y apio, finamente picadas

¾ taza (155 g/5 oz) de frijoles cannellini enlatados, drenados

1 taza (250 ml/8 fl oz) de caldo de pollo (página 111)

1 diente de ajo, finamente picado

½ cucharadita de romero fresco, finamente picado

Sal y pimienta recién molida

1 cucharada de mantequilla sin sal

2 cucharadas de pancetta (página 51), finamente picada

½ cebolla, finamente picada

185 g (6 oz) de hígados de pollo

¼ taza (60 ml/2 fl oz) de vino blanco seco

1 cucharada de perejil liso (italiano) fresco, finamente picado más 6 hojas enteras

½ cucharadita de tomillo fresco, finamente picado

18 crostini (página 110)

6 rebanadas delgadas de jitomate deshidratado enlatado en aceite y 6 rebanadas de manzanas rojas

Unto de aceitunas *(vea explicación a la izquierda)*

CIPOLLINE AGRIDULCE

2 tazas (500 ml/16 fl oz) de vinagre de vino blanco

2 tazas (500 ml/16 fl oz) de vinagre balsámico (vea Notas)

3 cucharadas de azúcar granulada

3 cucharadas compactas de azúcar morena

¼ cucharadita de sal

500 g (1 lb) de cebollas *cipolline* (vea Notas), aproximadamente de 4 cm (1½ in) de diámetro

En una olla que no sea de aluminio, mezcle el vinagre de vino blanco y vinagre balsámico, azúcar granulada y morena y la sal. Deje hervir sobre fuego medio-alto, moviendo para disolver el azúcar. Agregue las cebollas y cocine de 2 a 3 minutos, hasta que se sientan suaves al picar con la punta de un cuchillo. Deje enfriar aproximadamente 1 hora.

Pase las cebollas y el líquido a un recipiente que no sea de aluminio, asegurándose que las cebollas queden sumergidas en el líquido. Cubra y deje reposar 1 semana a temperatura ambiente antes de usarlas, para que se suavicen las cebollas y absorban los sabores. Las cebollas se conservan hasta 6 meses en el refrigerador.

Notas: Para esta receta, se puede usar un vinagre balsámico joven, económico, en lugar de uno más caro añejado. Las cebollas cipolline *son cebollas italianas pequeñas y planas, generalmente de 2.5 a 7.5 cm (1-3 in) de diámetro. Se encuentran en algunos supermercados y en mercados. Se pueden sustituir por cebollitas de cambray o cebollitas para hervir.*

Para Servir: Usando una cuchara ranurada, pase las cebollas a un plato pequeño y ofrézcalas acompañando un platón de quesos y carnes frías, como el prosciutto (página 64).

RINDE DE 6 A 8 PORCIONES

AGRIDULCE

"Agrodolce" (en Italiano) quiere decir "ácido y dulce" y es una antigua preparación que se usaba para preservar la comida antes de que hubiera refrigeración. Actualmente, esta combinación de sabores dulces y ácidos se encuentra en condimentos (el vinagre balsámico es un ejemplo definitivo), marinadas y salsas. El vinagre y el azúcar son dos de los elementos básicos del *agrodolce*. Un sinnúmero de variaciones emplea vino o jugo de cítricos o ralladuras para dar el sabor ácido; las pasitas frecuentemente son la fuente del sabor dulce. La carne, el pescado y las verduras, particularmente las cebollas, son excelentes si se cocinan en *agrodolce*.

ENSALADA DE MARISCOS

Hierva en una olla tres cuartas partes de agua. Añada los camarones y cocine cerca de 2 minutos, hasta que estén rosados y brillantes. Escurra y enjuague bajo el chorro de agua fría, escurra una vez más y reserve. Corte los calamares en anillos de aproximadamente 12 mm (½ in) de ancho. Deje los tentáculos enteros. Reserve.

En una sartén grande para saltear sobre fuego medio-alto, caliente ¼ taza (60 ml/2 fl oz) de aceite de oliva. Añada la cebolla y saltee de 2 a 3 minutos, hasta que esté suave pero no dorada. Añada los callos de hacha y cocine hasta que estén suaves, de 3 a 5 minutos. Agregue el vino y los calamares. Continúe cocinando de 2 a 3 minutos más, hasta que los calamares estén opacos y el vino se haya evaporado casi por completo. Añada los camarones, retírelos del fuego y déjelos enfriar a temperatura ambiente.

Pase los mariscos a un tazón grande. Agregue las aceitunas, alcaparras, perejil, ajo, jugo de limón y ¼ taza del aceite de oliva restante. Sazone al gusto con sal y pimienta; mezcle. Sirva fría o a temperatura ambiente.

Para servir, ponga una hoja de lechuga en cada plato individual y cubra con la ensalada, dividiéndola uniformemente.

RINDE 6 PORCIONES

ALCAPARRAS CURTIDAS EN SAL

Estos pequeños capullos, que se conservan en sal de mar o salmuera, nacen en un arbusto que crece de forma silvestre en la región del Mediterráneo. Los cocineros italianos prefieren las alcaparras en sal de mar ya que la sal no esconde el delicado sabor de los capullos y asegura que los capullos conserven su tamaño. Las alcaparras curtidas en sal se venden en supermercados y mercados italianos bien surtidos. Si no las encuentra, las puede sustituir por alcaparras en salmuera. Antes de usar cualquiera de los dos tipos de alcaparras, enjuáguelas brevemente y escúrralas bien. Las alcaparras no se deben cocinar. Simplemente, añádalas a los platillos terminados.

125 g (¼ lb) de camarones, sin piel y desvenados (página 115)

250 g (½ lb) de calamares, limpios (página 115)

½ taza (120 ml/4 fl oz) de aceite de oliva extra virgen

¼ taza (30 g/1 oz) de cebolla amarilla o blanca, finamente picada

125 g (¼ lb) de vieiras o callo de hacha

¼ taza (60 ml/2 fl oz) de vino blanco seco

½ taza (75 g/2½ oz) de aceitunas negras curtidas en aceite, sin hueso y picadas

2 cucharadas de alcaparras curtidas en sal, enjuagadas y escurridas

1 cucharada de perejil liso (italiano) fresco, finamente picado

2 dientes de ajo, finamente picados

Jugo de 1 limón

Sal y pimienta recién molida

6 hojas de lechuga roja

PANZANELLA

3 tazas (185 g/6 oz) de pan italiano del día anterior en cubos de 2.5 cm (1 in)

2 jitomates grandes maduros, sin semillas y en dados

1 pepino inglés (hothouse), sin piel, cortado a la mitad a lo largo, sin semillas y en dados

½ taza (75 g/2½ oz) de cebolla morada, finamente picada

3 dientes de ajo, finamente picados

¼ taza (60 ml/2 fl oz) de vinagre de vino tinto

¾ taza (180 ml/6 fl oz) de aceite de oliva extra virgen

Sal y pimienta recién molida

Hojas de albahaca fresca para adornar

Precaliente el horno a 200°C (400°F). Extienda los cubos de pan en una charola de hornear. Colóquela en el horno y hornee aproximadamente 5 minutos, volteando una o dos veces, hasta que estén ligeramente tostados. Reserve y deje enfriar.

Ponga los cubos de pan en un tazón grande y añada los jitomates, pepinos y cebolla morada.

En un tazón pequeño, mezcle el ajo y el vinagre. Batiendo constantemente, integre gradualmente el aceite de oliva *(vea explicación a la derecha)*. Bata hasta integrar por completo y sazone al gusto con sal y pimienta.

Vierta el aderezo sobre la ensalada y revuelva bien. Adorne con las hojas de albahaca y sirva de inmediato.

RINDE 6 PORCIONES

HACIENDO ADEREZOS EMULSIONADOS

Una emulsión es una mezcla estabilizada de dos o más líquidos que ordinariamente no combinarían, como el aceite y el vinagre. Algunas emulsiones son temporales, como la vinagreta; otras son más estables, como la mayonesa. Las emulsiones estables requieren un agente emulsificador, como la mostaza o las yemas de huevo, para ayudar a unir los ingredientes. Ambos tipos de emulsiones requieren de una vigorosa batida. Cuando haga la vinagreta para esta ensalada toscana, rocíe suavemente el aceite sobre los otros ingredientes a la vez que bate, para crear un aderezo cremoso y bien emulsificado.

FRITTO MISTO

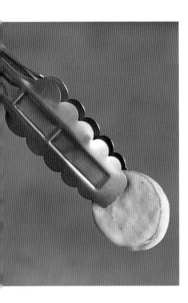

Limpie las calabacitas. Córtelas en rebanadas de 6 mm (¼ in) de grueso. Corte los calamares en anillos de 6 mm (¼ in) de grueso. Seque con una toalla los anillos de los calamares, los camarones y las almejas. Reserve.

Para hacer la mezcla para rebozar, mezcle en un tazón la harina, ½ cucharadita de sal y ¼ de cucharadita de pimienta. Agregue la leche, las yemas de los huevos y el aceite de oliva. Mezcle. En otro tazón, usando una batidora eléctrica a velocidad alta, o un batidor de mano, bata las claras de los huevos aproximadamente 2 minutos, hasta que se formen picos suaves. Usando una espátula grande de goma, incorpore cuidadosamente las claras batidas con la mezcla de la leche hasta integrar.

Precaliente el horno a 95°C (200°F). En una sartén para saltear grande y gruesa, vierta aceite de cacahuate a una profundidad de 2.5 cm (1 in). Caliente el aceite hasta que registre los 185°C (365°F) en un termómetro para fritura profunda. Al poner una gota de la mezcla en el aceite, ésta deberá subir a la superficie inmediatamente.

Trabajando en tandas pequeñas para no sobre llenar la sartén, use unas pinzas para sumergir los camarones, calamares, almejas, las rebanadas de calabacita y los hongos en la mezcla. Cubra uniformemente, dejando que el exceso de la mezcla caiga otra vez al tazón. Sumerja cuidadosamente en el aceite caliente y fría, volteando una vez, hasta que estén dorados, cerca de 2 minutos de cada lado. Usando unas pinzas limpias, saque cada pieza de la sartén y colóquela en una charola para hornear, forrada con varias capas de toallas de papel, para que escurra. Pase a un refractario y mantenga caliente en el horno mientras fríe los demás mariscos y verduras. Asegúrese de dejar que el aceite vuelva a los 185°C antes de cada tanda (vea explicación a la izquierda).

Espolvoree con perejil, sal gruesa y pimienta al gusto. Sirva acompañando con cuartos de limón.

Precaución: Cuando fría comida, no caliente el aceite a más de 190°C (375°F). Si alcanza una temperatura de 200°C (400°F) o más, puede empezar a humear y prenderse en llamas.

RINDE 6 PORCIONES

CONOCIENDO LA FRITURA PROFUNDA

Al freír en profundidad adecuadamente, se obtendrán mariscos y verduras suaves y ligeras. Los mejores aceites para la fritura profunda son el de cacahuate y el de canola, ya que pueden tolerar altas temperaturas. Al usar una temperatura alta constante hace que el agua naturalmente presente en los alimentos se convierta en vapor, lo cual impide que el aceite se meta en la mezcla de rebozar. Se recomienda usar un termómetro de fritura profunda para controlar la temperatura.

Al freír alimentos en aceite caliente en tandas pequeñas, evitará que la temperatura baje y asegurará que los alimentos permanezcan sumergidos uniformemente en el aceite.

2 calabacitas (courgettes)

250 g (½ lb) de calamares limpios, únicamente los cuerpos (página 115)

12 camarones (gambas), sin cáscara, con la cola intacta y desvenados (página 115)

500 g (1 lb) de almejas pequeñas de concha dura como las manila o littleneck, sin concha

1 taza (155 g/5 oz) de harina de trigo (simple)

Sal y pimienta recién molida

1 taza (250 ml/8 fl oz) de leche entera

2 huevos, separados

1 cucharada de aceite de oliva extra virgen

Aceite de canola o cacahuate para freír

250 g (½ lb) de champiñones frescos y pequeños, de 2.5 cm (1 in) de diámetro, sin tallos y las copas cepilladas.

2 cucharadas de perejil liso (italiano) fresco, finamente picado

Sal gruesa para espolvorear

2 limones en cuartos

FRITTATA CON PIMIENTOS DULCES Y SALCHICHAS

1 cucharada de perejil liso (italiano) fresco, finamente picado

6 huevos, ligeramente batidos

Sal y pimienta recién molida

3 cucharadas de aceite de oliva extra virgen

1 cebolla pequeña amarilla o blanca, cortada en dados de 6 mm (¼ in)

500 g (1 lb) de salchichas italianas *(vea explicación a la derecha)*, cortadas en rebanadas de 6 mm (¼ in) de grueso

1 pimiento rojo pequeño (capsicum), sin semillas y cortado en dados de 6 mm (¼ in)

1 pimiento amarillo pequeño (capsicum), sin semillas y cortado en dados de 6 mm (¼ in)

¼ taza (30 g/1 oz) de queso Parmesano, recién rallado más el necesario para espolvorear

Precaliente el horno a 220°C (425°F). En un tazón, mezcle el perejil con los huevos y sazone con sal y pimienta. Reserve.

En una sartén mediana que también pueda usarse para hornear, sobre fuego medio, caliente el aceite de oliva. Añada la cebolla y las salchichas; saltee aproximadamente 5 minutos, hasta que estén ligeramente doradas. Agregue los pimientos rojo y amarillo y cocínelos hasta suavizar, de 2 a 3 minutos. Distribuya uniformemente las verduras y las salchichas en la sartén. Vierta la mezcla de los huevos sobre la mezcla de las salchichas y cocine. Usando una espátula, levante las orillas cuando estén firmes para permitir que el huevo líquido pase por debajo, hasta que los huevos empiecen a estar cocidos en los lados y el fondo de la sartén, aproximadamente de 3 a 4 minutos.

Espolvoree uniformemente ¼ de taza de queso Parmesano sobre los huevos, coloque la sartén en el horno y hornee de 20 a 25 minutos, hasta que un cuchillo insertado en el centro de la frittata salga limpio. Sirva la frittata caliente o a temperatura ambiente, córtela en rebanadas y espolvoree con el queso Parmesano.

RINDE 6 PORCIONES

SALCHICHAS ITALIANAS
La mayoría de las salchichas frescas en Italia están hechas de puerco y muchas se sazonan con una variedad de condimentos, como la semilla de hinojo, ajo, granos de pimienta o chiles secos rojos. Cada zona del país produce su propia y distintiva salchicha, desde la intensamente picante salchicha de Calabria en el sur, hasta los productos dulcemente condimentados de Emilia-Romagna en el norte. Para complementar a los pimientos en esta frittata, use cualquier salchicha, ya sea dulce o picante. Busque las salchichas italianas en el departamento de carnes de los supermercados bien abastecidos y en las tiendas especializadas en alimentos italianos.

TERNERA TONNATO

Con un día de anticipación, coloque los clavos en un cuadro de manta de cielo (muselina), junte las esquinas y con hilo de cocina amárrelas para formar un manojo. Mezcle el vino, vinagre y el manojo de clavo en un tazón grande, que no sea de aluminio. Añada la ternera, voltee para cubrir con la marinada, tape el tazón y refrigere por lo menos durante 4 horas o hasta por toda la noche, dando vueltas a la ternera de vez en cuando.

Después de marinar la ternera, retire y deseche los clavos. Pase la carne con la marinada a una olla grande. Añada 2 tazas (500 ml/16 fl oz) de agua, sazone con sal y deje hervir sobre fuego medio-alto. Reduzca el fuego a medio, tape y cocine hasta que la ternera esté suave, aproximadamente 1 hora. Retire del fuego y deje enfriar cerca de 1 hora en el líquido donde se coció.

Para hacer la salsa de atún, mezcle las 2 cucharadas de alcaparras y las anchoas en un tazón de madera y píquelas con una *mezzaluna (vea explicación a la izquierda)* hasta que se forme una pasta. O, si lo desea, puede mezclar las alcaparras y las anchoas en una tabla de picar y picarlas con el cuchillo grande de chef, hasta que se forme una pasta. Usando un tenedor, coloque el atún en un tazón, separándolo. Añada la mezcla de anchoas, mayonesa y ralladura de limón Mezcle cuidadosamente hasta suavizar. Sazone al gusto con sal y pimienta. Reserve.

Usando una cuchara ranurada, retire la ternera de la olla, dejando que el exceso de líquido regrese a la olla. Colóquela en una tabla de picar. Corte la ternera, en contra de la veta, en rebanadas de 3 mm (⅛ in) de grueso. Acomode las rebanadas en un platón, sobreponiéndolas, y unte con la salsa de atún uniformemente. Espolvoree con perejil, pimiento y una cucharada de las alcaparras. Refrigere por lo menos 30 minutos o hasta por 3 horas antes de servir.

RINDE 6 PORCIONES

USANDO UNA MEZZALUNA

La *mezzaluna* es una herramienta muy eficaz para preparar la salsa de atún de esta receta. *Mezzaluna* quiere decir "media-luna" y es un nombre apropiado para esta herramienta de cortar ya que tiene la navaja en forma de luna creciente. Se sujeta con las dos manos y se usa con un movimiento rítmico meciéndose para picar la comida de forma uniforme y más rápida, segura y fácil que con el cuchillo grande de chef. Se puede usar sobre una tabla de picar o dentro de un tazón de madera poco profundo. Para esta receta, la navaja *mezzaluna* se mece sobre las alcaparras y las anchoas, sin levantarla, hasta que los ingredientes picados obtengan la consistencia de una pasta.

4 clavos enteros

1 botella (750 ml) de vino blanco seco

1 taza (250 ml/8 fl oz) de vinagre de vino blanco

500 g (1 lb) de lomo de ternera, sin hueso

Sal

PARA LA SALSA DE ATÚN:

2 cucharadas de alcaparras curtidas en sal (página 32), enjuagadas y escurridas

2 filetes de anchoas enlatadas en aceite de oliva

1 taza (220 g/7 oz) de atún enlatado en aceite de oliva, drenado

1 taza (250 g/8 oz) de mayonesa

1 cucharadita de ralladura fina de limón

Sal y pimienta recién molida

1 cucharada de perejil liso (italiano) fresco, finamente picado

1 cucharada de pimiento rojo (capsicum), en dados

1 cucharada de alcaparras curtidas en sal, enjuagadas y escurridas

PASTA

Los italianos distinguen entre dos tipos de pasta: pasta seca o pasta fresca. La primera, como el bucatini y el spaghetti, se hace a máquina, se vende empacada y es tradicionalmente un producto del sur del país, mientras que la segunda, como el ravioli y el cannelloni, generalmente se amasa y se le da forma a mano, especialmente en los hogares del norte del país.

ORECCHIETTE CON BRÓCOLI Y ALMEJAS

Deseche cualquier almeja que no se cierre al tocarla. Ponga las almejas en una olla grande con 2.5 cm (1 in) de agua. Tape, deje hervir y cocine sobre fuego alto aproximadamente 1 minuto, sacudiendo la olla ocasionalmente. Usando una cuchara ranurada, pase las almejas que estén abiertas a un tazón; cocine las almejas restantes durante unos segundos más hasta que se abran. Pase las almejas que se hayan abierto al tazón y déjelas enfriar. Deseche cualquier almeja que no se haya abierto. Reserve el líquido en que se cocieron.

Hierva agua en una olla grande. Mientras tanto, separe las almejas de sus conchas, sobre un tazón para guardar el jugo que salga de las conchas. Enjuague las almejas y quite alguna arena que haya quedado; píquelas toscamente. Reserve. Cuele el jugo y el líquido en que se cocinaron con una coladera cubierta de manta de cielo (muselina) para quitar la arena y reserve.

Añada bastante sal al agua hirviendo, agregue la pasta, y cocine al dente, aproximadamente 8 minutos. Escurra y reserve.

En una sartén grande para saltear sobre fuego medio-alto, caliente el aceite de oliva. Añada la cebolla y saltee de 2 a 3 minutos, hasta que esté dorada. Añada el ajo, las hojuelas de pimiento rojo y el brócoli rabe; cocine moviendo cerca de 1 minuto. Añada los jitomates, las almejas y el líquido en que se cocinaron; deje hervir. Reduzca el fuego a bajo, añada las orecchiette, moviendo para cubrir con la salsa. Integre el perejil, la sal y la pimienta al gusto. Sirva de inmediato.

RINDE 6 PORCIONES

36 almejas de concha dura como las manila o las littleneck, bien lavadas

Sal y pimienta negra recién molida

500 g (1lb) de orecchiette seca

3 cucharadas de aceite de oliva extra virgen

½ taza (60 g/ 2 oz) de cebolla amarilla o blanca, picada

4 dientes de ajo, finamente picados

1 pizca de hojuelas de pimiento rojo, al gusto

250 g (½ lb) de brócoli rabe o brócoli, limpio y cortado en piezas de 7.5 cm (3 in)

3 jitomates maduros, sin piel y sin semillas (página 47), picados toscamente

1 cucharada de perejil liso (italiano) fresco, finamente picado

BUCATINI A LA AMATRICIANA

½ taza (125 ml/4 fl oz) de aceite de oliva extra virgen

125 g (¼ lb) de pancetta (página 51), cortada en dados

1 cebolla amarilla o blanca, cortada en dados

1 pizca de hojuelas de pimiento rojo, al gusto

4 jitomates maduros, sin piel y sin semillas *(vea explicación a la derecha)*, picados

Sal y pimienta negra recién molida

500 g (1 lb) de bucatini o spaghetti

Hierva agua en una olla grande. Mientras tanto, en una sartén grande para saltear sobre fuego medio-alto, caliente el aceite de oliva. Agregue la pancetta, cebolla y hojuelas de pimiento rojo al gusto. Cocine hasta dorar la cebolla, de 3 a 4 minutos. Añada los jitomates y cocine a espesar ligeramente, de 5 a 6 minutos. Sazone al gusto con sal y pimienta negra.

Ponga bastante sal al agua hirviendo, añada la pasta y cocine al dente, de 8 a 10 minutos. Escurra la pasta y pase a la sartén, mezcle con la salsa para que se caliente.

Ponga la pasta en un tazón precalentado y poco profundo. Sirva de inmediato.

RINDE 6 PORCIONES

PREPARANDO LOS JITOMATES

Amatrice es un pequeño pueblo al noreste de Roma, que le dio su nombre a esta salsa de jitomate picante. Tradicionalmente se sirve con spaghetti pero aquí la servimos con bucatini. Para pelar y quitar las semillas a los jitomates para hacer la salsa, ponga agua a hervir en una olla. Con un cuchillo filoso, marque una X poco profunda en la parte del tallo de cada jitomate. Sumérjalos en agua hirviendo y deje remojar de 15 a 30 segundos, o hasta que la piel empiece a arrugarse. Retire los jitomates con una cuchara ranurada, deje enfriar ligeramente y quite la piel. Corte a la mitad transversalmente y exprima suavemente para retirar las semillas.

RAVIOLES DE HONGOS CON SALSA DE NUEZ

ARMANDO LOS
TRIÁNGULOS DE PASTA

En un tazón pequeño, bata 1 huevo con 1 cucharadita de agua. Extienda las hojas de la pasta sobre una superficie de trabajo, ligeramente enharinada. Usando una rueda para pasta de orilla recta o un cuchillo filoso de hoja delgada, corte la masa en cuadros de 13 cm (5 in). Ponga 1 cucharada del relleno de hongos en el centro de cada cuadro. Barnice ligeramente las orillas con el huevo batido con agua. Doble el cuadro a la mitad diagonalmente para formar un triángulo. Usando sus dedos, presione las orillas para sellarlos. Asegúrese de que el relleno no rompa la parte sellada, o el triángulo se desbaratará cuando se cocine.

Mezcle los porcini secos y el caldo caliente en un tazón pequeño. Remoje cerca de 20 minutos. Cuele los hongos a través de una coladera forrada con una doble capa de manta de cielo (muselina), presione los hongos cuidadosamente para escurrir el caldo y reserve. Pique los porcini y reserve. Recorte los tallos de los hongos frescos y deseche. Pique las copas y reserve.

En una sartén grande para saltear sobre fuego medio, caliente 3 cucharadas de aceite de oliva. Añada el ajo finamente picado y saltee hasta suavizar, aproximadamente 2 minutos. Añada los hongos frescos y saltee hasta suavizar, cerca de 5 minutos. Añada el perejil, tomillo, porcini y caldo reservado y cocine aproximadamente 10 minutos, moviendo ocasionalmente, hasta espesar. Deje enfriar de 20 a 30 minutos. Pase la mezcla de los hongos a un tazón. Añada el ricotta y ¼ taza (30 g/1 oz) del Parmesano y mezcle bien. Sazone al gusto con sal, pimienta blanca y nuez moscada. Reserve.

Para hacer los ravioles, extienda la masa de la pasta como se indica en la página 110; córtelos y rellénelos *(vea explicación a la izquierda)*. Hierva agua en una olla grande.

Mientras tanto, mezcle los 2 dientes de ajo, 1 taza (125 g/4 oz) de nueces y la mezcla del pan en un procesador de alimentos, y pulse hasta suavizar. Con el procesador encendido, vierta ¼ taza de aceite de oliva hasta formar una salsa suave. Vacíelo en un tazón, integre ½ taza (60 g/2 oz) de Parmesano y sazone al gusto con sal y pimienta blanca.

Ponga bastante sal en el agua hirviendo, añada los ravioles y cocine al dente, aproximadamente 3 minutos. Escurra y póngalos en un tazón precalentado poco profundo. Añada la salsa de nuez y revuelva cuidadosamente para cubrir los ravioles. Espolvoree con el queso Parmesano y ¼ taza (30 g/1 oz) de las nueces restantes; sirva de inmediato.

RINDE 8 PORCIONES

½ taza (15 g/½ oz) de hongos porcini secos

½ taza (125 ml/4 fl oz) de caldo de pollo (página 111), caliente

500 g (1lb) de hongos frescos variados como el shiitake, portobello, oyster y chanterelle, cepillados

¼ taza (60 ml/2 fl oz) más 3 cucharadas de aceite de oliva extra virgen

4 dientes de ajo, finamente picados, más 2 dientes de ajo enteros

2 cucharadas de perejil liso (italiano) fresco, finamente picado

2 cucharaditas de tomillo fresco, finamente picado

½ taza (125 g/4 oz) de queso ricotta de leche entera

¾ taza (90 g/3 oz) de queso Parmesano recién rallado, más el necesario para espolvorear

Sal, pimienta blanca recién molida y nuez moscada, recién rallada

1 kg (2 lb) de masa para hacer pasta (página 110)

1¼ taza (155 g/ 5 oz) de nueces, tostadas (página 90) y picadas toscamente

2 rebanadas de pan seco remojado en 1 taza (250 ml/ 8 fl oz) de leche

SPAGHETTI A LA CARBONARA

2 cucharadas de aceite de oliva extra virgen

1 cebolla amarilla o blanca, en cubos pequeños

125 g (¼ lb) de pancetta, en cubos pequeños

Sal y pimienta molida grueso

500 g de spaghetti

4 yemas de huevo, batidas

½ taza (125 ml/4 fl oz) de crema espesa (doble)

1 taza (125 g/4 oz) de queso Parmesano, recién rallado

3 cucharadas de perejil liso (italiano) fresco, finamente picado

Hierva agua en una olla grande. Mientras tanto, en una sartén para saltear sobre fuego medio-alto, caliente el aceite de oliva. Añada la cebolla y saltee cerca de 2 minutos, hasta suavizar pero sin dejar dorar. Añada la pancetta y cocine hasta que esté ligeramente dorada, de 2 a 3 minutos. Retire del fuego y deje enfriar ligeramente.

Agregue bastante sal al agua hirviendo, añada la pasta y cocine al dente, de 7 a 8 minutos. Mientras que la pasta se está cocinando, bata las yemas, crema y queso Parmesano en un tazón grande. Añada la mezcla de la pancetta y sazone con sal. Reserve.

Escurra la pasta, colóquela en el tazón y revuelva con la mezcla del huevo hasta cubrir. Pase a un platón precalentado, poco profundo, espolvoree con perejil y bastante pimienta; sirva de inmediato.

Nota: Este platillo incluye huevos que están parcialmente cocidos. Para mayor información, vea la página 114.

RINDE 6 PORCIONES

PANCETTA

Este tocino lleno de sabor, cuyo nombre deriva de *pancia,* que en italiano quiere decir panza, está hecho con un trozo de panza de puerco frotada con una mezcla de especias que incluye canela, clavos y bayas de junípero. Posteriormente, se enrolla de forma apretada formando un cilindro. La pancetta se deja curtir por lo menos durante 2 meses. Al cortar el cilindro, las rebanadas de pancetta muestran una espiral característica de su carne magra y satinada y su grasa blanca. En Italia, la pancetta picada y salteada en aceite de oliva se usa para darle sabor a las sopas, rellenos, salsas, estofados y guarniciones.

GNOCCHI A LOS CUATRO QUESOS

Para hacer los gnocchi, ponga las papas en una olla grande y cúbralas con bastante agua. Hierva sobre fuego alto, reduzca el fuego a medio y cocine hasta que se sientan suaves al picarlas con la punta de un cuchillo, de 10 a 12 minutos. Escurra las papas y presiónelas a través de un pasa puré o un molino de alimentos con el disco grande, sobre un tazón *(vea explicación a la izquierda)*. Añada la harina y los huevos y mezcle.

Pase la mezcla de las papas a una superficie de trabajo ligeramente enharinada. Enharine sus manos y amase de 2 a 3 minutos, hasta que esté suave y lisa. Divídala en 4 piezas iguales y enrolle cada una formando una cuerda, de 12 mm (½ in) de diámetro, espolvoreando sus manos con harina otra vez si fuera necesario. Corte las cuerdas en piezas de 2.5 cm (1 in). Presione un lado de cada pieza con los dientes de un tenedor o de un rallador de nuez moscada para hacer hendiduras. Reserve sobre una superficie ligeramente enharinada hasta el momento de cocinarlos.

Hierva agua en una olla grande. Mientras tanto, mezcle la crema, el queso fontina y el Gorgonzola en una olla para hacer la salsa. Caliente lentamente sobre fuego bajo, moviendo constantemente, de 3 a 4 minutos, hasta que los quesos se derritan. Integre el queso ricotta, el Parmesano y el tomillo. Sazone al gusto con sal y pimienta. Retire del fuego y mantenga caliente.

Ponga bastante sal al agua hirviendo, añada los gnocchi y cocínelos aproximadamente 3 minutos, hasta que floten en la superficie. Usando una cuchara ranurada, pase los gnocchi a unos tazones precalentados. Bañe con la salsa y, si lo desea, espolvoree con el tomillo finamente picado y la pimienta. Sirva inmediatamente.

RINDE 6 PORCIONES

PARA HACER PURÉ DE PAPAS

Los gnocchi son bolitas suaves de masa hervida, hechos generalmente con papas. Un pasa puré o un molino de alimentos es ideal para hacer el puré de papas. Estos utensilios tratan más suavemente a las papas que un procesador de alimentos (el cual las hace pegajosas) y también retiran la piel. Si se usa un pasa puré, coloque las papas cocidas en su interior y presione el émbolo contra las papas forzándolas a salir por los orificios. Un molino de alimentos, que parece una olla con una palanca interior, dará resultados similares. Para esta receta, use el disco con los orificios más grandes.

PARA LOS GNOCCHI:

875 g (1¾ lb) de papas russet o rojas, sin piel y cortadas en trozos de 5 cm (2 in)

1½ tazas (235 g/7½ oz) de harina de trigo (simple), más la necesaria para espolvorear

2 huevos

ARA LA SALSA A LOS CUATRO QUESOS:

½ taza (125 ml/4 fl oz) de crema espesa (doble)

½ taza (60 g/2 oz) de queso fontina, rallado

¼ taza (30 g/1 oz) de queso Gorgonzola, desmenuzado

¼ taza (60 g/2 oz) de queso ricotta de leche entera

¼ taza (30 g/1 oz) de queso Parmesano, recién rallado

½ cucharadita de tomillo fresco, finamente picado, más el necesario para adornar (opcional)

Sal y pimienta recién molida

RAVIOLES DE CALABAZA

PARA EL RELLENO DE
CALABAZA:

**1 calabaza butternut, de
750 g (1½ lb)**

**¼ taza (15 g/½ oz) de pan
fresco, molido (página 113)**

1 yema de huevo

**¼ taza (30 g/1 oz) de
queso Parmesano, recién
rallado**

**Sal y pimienta recién
molida**

**1 pizca de nuez moscada,
recién rallada**

**500 g (1 lb) de masa para
hacer pasta (página 110)**

**1 huevo batido con una
cucharadita de agua**

PARA LA SALSA DE
MANTEQUILLA Y SALVIA:

**½ taza (125 g/4 oz) de
mantequilla sin sal**

**40 ó 50 hojas de salvia
fresca**

**¾ taza (90 g/3 oz) de
queso Parmesano, recién
rallado (opcional)**

**Nuez moscada, recién
rallada (opcional)**

Para hacer el relleno de calabaza, precaliente el horno a 200°C (400°F). Cubra una charola de hornear con papel encerado.

Corte la calabaza butternut a la mitad a lo largo. Con una cuchara saque las semillas y deséchelas. Coloque las mitades de calabaza en la charola preparada, con el lado cortado hacia abajo y hornee de 35 a 45 minutos, hasta que al picarlas con la punta de un cuchillo se sientan muy suaves. Deje enfriar al tacto. Pele la calabaza y, usando un procesador de alimentos, hágala puré. Añada el pan molido, la yema y el queso Parmesano y pulse hasta mezclar. Sazone con sal, pimienta y nuez moscada; pulse para mezclar. Reserve.

Para hacer los ravioles, extienda la masa de la pasta como se indica en la página 110. Coloque una capa de la pasta sobre una superficie ligeramente enharinada. Ponga una cucharada del relleno de calabaza en la pasta a intervalos de 5 cm (2 in). Usando su dedo o una brochita, ligeramente humedezca las orillas de la capa de la pasta y los espacios entre los rellenos con la mezcla del huevo y agua. Cubra con una segunda capa de la pasta y presione con sus dedos a lo largo de las orillas y alrededor de cada montículo de relleno para sellar y quitar las burbujas de aire. Con una rueda para cortar masa de orilla recta o un cuchillo filoso de navaja delgada, córtelos en cuadros y presione las orillas para fijarlas. Asegúrese de que el relleno no rompa la parte sellada o los ravioles se desbaratarán durante su cocimiento.

Hierva agua en una olla grande. Mientras tanto, en una sartén a fuego medio derrita la mantequilla para hacer la salsa. Añada la salvia y cocine, sin mover, de 2 a 3 minutos, hasta que las hojas estén ligeramente crujientes e infundan la mantequilla. Retire del fuego y mantenga caliente.

Añada bastante sal al agua hirviendo, agregue los ravioles y cocínelos al dente, aproximadamente 3 minutos. Escurra y colóquelos en un platón grande, poco profundo, precalentado y cubra con la salsa y el queso Parmesano, si lo usa; mezcle cuidadosamente para cubrirlos. Espolvoree con nuez moscada, si lo desea. Sirva inmediatamente.

RINDE 6 PORCIONES

SALVIA
La salvia es una planta perenne que crece profusamente en Italia y tiene unas aromáticas y suaves hojas de color gris-verdoso. En tiempo de los romanos, esta hierba mordaz era valorada por sus propiedades medicinales. Hoy en día, su principal uso es en las cocinas sazonando muchos platillos, incluyendo recetas clásicas como los hígados de pollo salteados en mantequilla. También se lleva bien con otras carnes, especialmente con ternera y puerco (página 64). Infundir la mantequilla con el sabor de la salvia, como en la salsa de esta receta, es una preparación común al norte de Italia para los ravioles y tortellini.

CANELONES CON SALSA BECHAMEL

Para hacer el relleno, caliente el aceite de oliva en una sartén sobre fuego medio. Añada la pancetta, cebolla, zanahoria y apio; saltee aproximadamente 5 minutos, hasta que la cebolla esté dorada. Agregue el ajo y la carne molida. Cocine moviendo para desbaratar la carne de 8 a 10 minutos, hasta que esté ligeramente dorada. Añada los jitomates y cocine aproximadamente 15 minutos, hasta que la mezcla espese. Retire del fuego y deje enfriar de 10 a 15 minutos. Integre las yemas de huevo y ½ taza de Parmesano. Sazone con sal y pimienta. Reserve.

Extienda la masa de la pasta como se indica en la página 110. Usando una rueda para cortar pasta de orilla recta o un cuchillo filoso de navaja delgada, corte en 8 rectángulos de 10 x 15 cm (4 x 6 in). Necesitará 8 rectángulos.

Hierva agua en una olla grande. Engrase ligeramente una charola para hornear.

Añada bastante sal al agua hirviendo, agregue la pasta, unos pocos rectángulos a la vez, y cocine al dente, cerca de 3 minutos. Usando un colador, retire la pasta de la olla, escurra y coloque en la charola ya preparada para hornear, en una sola capa.

Precaliente el horno a 190°C (375°F). Para armar los canelones, vierta una tercera parte de la salsa bechamel en un refractario cuadrado de 23 cm (9 in). Ponga ¼ taza (60 ml/2 fl oz) de relleno en cada rectángulo de pasta y úntelo a cubrir la pasta, dejando un margen de 6 mm (¼ in) alrededor de la orilla. Enrolle la pasta con el relleno, comenzando por uno de los lados cortos. Coloque los canelones con el lado de la unión hacia abajo sobre la salsa. Repita la operación con la pasta y el relleno restantes, colocando los rollos juntos en una sola capa. Vierta la salsa *bechamel* restante uniformemente sobre los canelones y espolvoree con ¼ taza de queso Parmesano. Hornee hasta que el queso esté ligeramente dorado, aproximadamente 15 minutos.

Coloque 2 rollos en cada plato individual y sirva de inmediato.

RINDE 4 PORCIONES

PLATOS PRICIPALES

En Italia, los platillos principales son tan variados y espléndidos como sus paisajes. Ya sea que usted coma un pez espada de Sicilia cubierto con pasas y piñones, unos medallones de ternera a la romana con prosciutto y salvia o un asado de pollo a la toscana, con salsa del vino local vin santo; *el platillo reflejará la insistencia italiana de usar únicamente los mejores ingredientes y prepararlos de una manera sencilla.*

POLLO CON SALSA DE VIN SANTO

Precaliente el horno a 200°C (400°F). Engrase ligeramente una sartén para asar. En un tazón pequeño, mezcle el perejil, tomillo y ajo. Lave el pollo y séquelo con una toalla de cocina. Usando sus dedos y empezando por la cavidad, separe cuidadosamente la piel de ambos lados de la pechuga. Lleve sus dedos hacia el cuello teniendo cuidado de no romperla. Inserte la mezcla de perejil cuidadosamente bajo la piel, distribuyéndola uniformemente. Acomode la piel otra vez firmemente en su lugar. Úntela con aceite de oliva y sazone tanto la piel como la cavidad con sal y pimienta. Si desea, ate las piernas del pollo con hilo de cocina. Meta las alas debajo de la espalda.

Coloque el pollo sobre uno de sus lados en la sartén para asar, ya preparada. Ase aproximadamente 10 minutos. Retire del horno, voltee el pollo del otro lado y ase aproximadamente 10 minutos más. Retire del horno y voltee colocando la pechuga hacia arriba. Continúe asando aproximadamente 15 minutos más, hasta dorar. Los jugos deben salir transparentes al picar un muslo con un tenedor y un termómetro de lectura instantánea, insertado en la parte gruesa del muslo (lejos del hueso), deberá registrar 77°C (170°F).

Pase el pollo a un platón precalentado. Cubra ligeramente con papel aluminio y deje reposar de 10 a 15 minutos.

Retire la grasa de los jugos que queden en la sartén y deséchela. Coloque la sartén en la estufa sobre fuego medio-alto. Añada el vin santo y desglace la sartén, raspando los trocitos dorados del fondo. Eleve el fuego a alto y cocine de 4 a 5 minutos, hasta reducir la salsa a la mitad. Retire del fuego y mantenga caliente.

Corte el pollo. Vierta la salsa sobre el pollo y sirva.

Para Servir: Las papas rojas asadas son un buen acompañamiento. Corte las papas a la mitad, revuelva con aceite de oliva, hojas de romero frescas, sal y pimienta, y áselas en otro platón mientras cocina el pollo.

RINDE DE 2 A 4 PORCIONES

VIN SANTO

Este vino dulce para postres, de color ámbar, tiene un ligero sabor a caramelo con una insinuación de almendras e higos. Las uvas blancas seleccionadas para el *vin santo* se dejan secar en la vid para permitir a los azúcares se concentren y posteriormente se secan en esteras de junco dentro de cuartos grandes y ventilados. El vino se añeja en barriles pequeños por tres o cuatro años en un lugar expuesto a grandes fluctuaciones de temperatura necesarias para formar el carácter distintivo por el cual es conocido este vino. Reverenciado como el vino de la hospitalidad, el *vin santo* se usa también en salsas, risottos, y postres.

2 cucharadas de perejil liso (italiano) fresco, finamente picado

1 cucharadita de tomillo fresco, finamente picado

1 diente de ajo, finamente picado

1 pollo pequeño, de 1 kg (2 lb)

3 cucharadas de aceite de oliva extra virgen

Sal y pimienta recién molida

2 tazas (500 ml/16 fl oz) de *vin santo*

PEZ ESPADA CON PASAS, ACEITUNAS, ALCAPARRAS Y PIÑONES

6 filetes de pez espada, aproximadamente 1 kg (2 lb) de peso total, de 2.5 cm (1 in) de grueso

3 cucharadas de aceite de oliva extra virgen

1 cebolla amarilla o blanca, finamente rebanada

4 dientes de ajo

1 taza (250 ml/8 fl oz) de vino blanco seco

2 jitomates maduros, sin piel y sin semillas (página 47), picados toscamente

½ taza (75 g/2½ oz) de aceitunas negras curtidas en aceite, sin hueso y picadas toscamente

¼ taza de pasas secas (45 g/1½ oz)

Sal y pimienta recién molida

2 cucharadas de alcaparras curtidas en sal (página 32), enjuagadas y escurridas

2 cucharadas de piñones, tostados *(vea explicación a la derecha)*

Precaliente el horno a 200°C (400°F). Engrase ligeramente un platón refractario lo suficientemente grande para dar cabida a los filetes de pez espada en una sola capa. Ponga los filetes en el refractario preparado.

En una sartén grande para saltear sobre fuego medio, caliente el aceite de oliva. Añada la cebolla y el ajo. Saltee de 2 a 3 minutos, hasta que estén suaves pero no se doren. Añada el vino, jitomates, aceitunas y pasas; mezcle. Sazone con sal y pimienta. Vierta uniformemente sobre el pescado.

Cubra y hornee de 15 a 20 minutos, hasta que el pez espada esté firme y opaco.

Pase a un platón precalentado y decore con las alcaparras, piñones y pimienta molida, si lo desea. Sirva de inmediato.

RINDE 6 PORCIONES

PIÑONES

Conocidos en Italia como pinoli o pignoli, los piñones se cosechan de una clase específica de pino. Los pequeños piñones tienen una forma alargada que va estrechándose ligeramente y tienen un sabor delicado y resinoso. Al igual que la mayoría de las nueces, los piñones intensifican su sabor y obtienen una textura crujiente cuando se tuestan. Para tostar las nueces, póngalas en una sartén seca sobre fuego medio. Tueste, moviendo frecuentemente, hasta que se doren. Pase inmediatamente a un platón y deje enfriar antes de usarlas. Las nueces seguirán tostándose aún fuera del fuego, por lo que debe tostarlas un poco menos de lo deseado.

SALTIMBOCCA A LA ROMANA

Coloque cada chuleta entre dos piezas de papel encerado y ponga sobre una superficie de trabajo. Usando un rodillo, aplane uniformemente a un grosor de 6 mm (½ in). Retire el papel de la parte superior y corte cada chuleta a la mitad. Acomode una rebanada de prosciutto en cada mitad de chuleta, doble el prosciutto si es necesario, y adorne con 2 hojas de salvia. Asegure con palillos, sujetando las capas. Repita la operación con las chuletas restantes.

En una sartén para saltear sobre fuego medio, caliente el aceite de oliva. Añada el ajo y saltee 1 ó 2 minutos, hasta suavizar pero sin dorar. Añada la espinaca y saltee de 5 a 7 minutos, hasta que se marchite y se haya evaporado toda el agua. Sazone con sal y pimienta al gusto. Pase a un platón y mantenga caliente.

Justamente antes de servir, en una sartén para saltear lo suficientemente grande para dar cabida a las chuletas en una sola capa, derrita la mantequilla sobre fuego medio hasta que espume. Añada las chuletas con el prosciutto hacia abajo y cocine cerca de 1 minuto, hasta dorar de un lado. Voltee usando una espátula y cocine cerca de 1 minuto por el otro lado, hasta que dore ligeramente. Agregue el jugo de limón a la sartén y sazone la salsa con sal y pimienta al gusto.

Ponga las chuletas sobre las espinacas y retire los palillos. Sirva inmediatamente, colocando 2 piezas de la ternera y una porción de espinacas en cada plato. Cubra con la salsa.

RINDE 4 PORCIONES

PROSCIUTTO

Este jamón italiano, crudo y sin ahumar, se corta de la parte trasera de la pierna del puerco, se curte con una cantidad mínima de sal durante 1 mes y se seca a la intemperie de 6 meses a 2 años. El prosciutto desarrolla un tono rosa profundo, un sutil sabor dulce y salado y una textura aterciopelada. El prosciutto de Parma, en la región de Emilia–Romagna, es reconocido como el mejor. En general, el prosciutto se corta en rebanadas tan delgadas como una hoja de papel y se come crudo, o se cocina ligeramente ya que el cocimiento puede endurecer la carne. El prosciutto es esencial en esta clásica preparación de ternera y es muy común como antipasto.

4 chuletas de ternera, de 155 g (5 oz) cada una

8 rebanadas delgadas de prosciutto

16 hojas de salvia fresca

3 cucharadas de aceite de oliva extra virgen

1 diente de ajo, finamente picado

500 g (1 lb) de espinacas, sin tallos y las hojas limpias y picadas

Sal y pimienta recién molida

3 cucharadas de mantequilla sin sal

Jugo de 1 limón

LOMO DE CERDO ESTOFADO CON CIRUELAS PASAS

1 lomo de cerdo sin hueso, de 1 kg (2 lb), limpio

Sal y pimienta recién molida

Harina de trigo para rebozar

¼ taza (60 ml/2 fl oz) de aceite de oliva extra virgen

½ taza (75 g/2½ oz) de cebolla amarilla o blanca, finamente picada

1 taza (250 ml/8 fl oz) de vino blanco seco

2 tazas (375 g/12 oz) de ciruelas pasas, sin hueso

Corte el lomo de cerdo transversalmente en 6 piezas iguales. Sazone con sal y pimienta. Enharine cada pieza ligeramente, sacudiendo el exceso.

En una sartén para saltear lo suficientemente grande para dar cabida a las rebanadas de lomo en una sola capa, caliente el aceite de oliva sobre fuego medio-alto. Añada la cebolla y saltee cerca de 2 minutos, hasta suavizar. Agregue la carne y cocine de 3 a 4 minutos, a dorar ligeramente. Voltee y cocine por el otro lado de 3 a 4 minutos, hasta dorar ligeramente.

Añada el vino y distribuya las ciruelas pasas uniformemente en la sartén. Reduzca el fuego a medio-bajo, cubra y cocine de 15 a 20 minutos, hasta que al picar con un tenedor se sienta suave y la salsa haya espesado ligeramente. Sirva de inmediato.

RINDE 6 PORCIONES

VARIACIONES DE FRUTA

El dulce y suave sabor del puerco permite que se ase bien con fruta, combinándose desde hace siglos. Otras frutas secas o frescas se pueden usar en lugar de las ciruelas pasas. Añada 2 tazas (375 g/12 oz) de chabacanos secos sin semillas al líquido después de desglacear la sartén o sustituya por 2 manzanas, Granny Smith o pippin, o 2 peras, Bosc o Bartlett (Williams). Retire la piel, parta a la mitad, quite el corazón de las manzanas o peras y añada la fruta cortada en rebanadas de 6mm (¼ in) a la sartén con el vino.

ASADO DE ROBALO CON HINOJO Y LIMON

Precaliente el horno a 200°C (400°F). Retire los tallos y las hojas del bulbo de hinojo (reserve las hojas para usar como adorno, si lo desea). Retire la primera capa del bulbo si estuviera dura y corte las partes descoloridas. Corte el bulbo a lo largo partiéndolo a la mitad y saque la parte sólida del fondo del bulbo. Corte cada mitad transversalmente en rebanadas muy delgadas.

En una sartén para asar lo suficientemente grande para dar cabida a los filetes de robalo en una sola capa, mezcle el hinojo, las papas y las rebanadas de cebolla. Rocíe con 3 cucharadas de aceite de oliva y mezcle para cubrir las verduras. Sazone con sal y pimienta. Extienda las verduras uniformemente en la sartén y ase cerca de 20 minutos, hasta que se doren y se sientan suaves al picarlas con un tenedor.

Retire la sartén para asar del horno y acomode el robalo sobre las verduras en una sola capa. Barnice con la cucharada restante del aceite de oliva. Espolvoree con la ralladura del limón y sazone con sal y pimienta. Ase aproximadamente 10 minutos, hasta que el robalo esté firme y opaco.

Pase el robalo y las verduras a platos individuales o a un platón y sirva de inmediato, adornando con las hojas de hinojo, si lo desea.

RINDE 6 PORCIONES

RASPANDO CÍTRICOS

La ralladura de los cítricos es rica en aceites aromáticos. El fuerte sabor de la ralladura de limón en este platillo, complementa al hinojo así como al robalo. Antes de raspar el limón, lávelo frotando para retirar toda la cera o residuo que pudiera tener. Raspe la capa exterior de la cáscara con cuidado de no incluir la parte blanca amarga. Para obtener una ralladura fina, use las raspas más finas de un rallador o los orificios filosos de un rallador microplane. Si la receta requiere el jugo y la ralladura, es más fácil obtener primero la ralladura.

1 bulbo de hinojo

1 kg (2 lb) de papas rojas, limpias y cortadas en rebanadas de 2.5 cm (1 in) de grosor

1 cebolla amarilla o blanca, rebanada

4 cucharadas (60 ml/2 fl oz) de aceite de oliva extra virgen

Sal y pimienta recién molida

6 filetes de robalo, aproximadamente 1 kg (2 lb) de peso total

Ralladura fina de 1 limón

CHULETAS DE TERNERA ASADAS
CON SALSA DE BALSÁMICO

4 cucharadas (60 ml/2 fl oz) de aceite de oliva extra virgen

4 chuletas de ternera de 185 g (6 oz) y de 2 cm (¾ in) de grosor cada una

Sal y pimienta recién molida

¼ taza (45 g/1½ oz) de cebolla amarilla o blanca, finamente picada

½ taza (125 ml/4 fl oz) de vinagre balsámico

2 tazas (500 ml/16 fl oz) de caldo de carne (página 111)

2 cucharadas de mantequilla sin sal

Perejil liso (italiano) fresco, picado, para adornar (opcional)

En un asador para intemperie caliente los carbones y deje que se quemen hasta que estén cubiertos por una ceniza blanca. Apile los carbones en el centro de la parrilla; no los extienda. Para un asador de gas, precaliente a fuego alto. Barnice la parrilla con aceite de oliva.

Barnice ambos lados de las chuletas de ternera con 1 cucharada de aceite de oliva. Sazone con sal y pimienta. Ponga las chuletas en la parrilla, usando pinzas (para evitar perforar la carne), y ase de 4 a 6 minutos por lado para término medio, dando la vuelta una vez, hasta dorar. Coloque en un platón y mantenga caliente.

En una olla sobre fuego medio-alto, caliente las 3 cucharadas restantes de aceite. Añada la cebolla y saltee hasta dorar, de 3 a 4 minutos. Añada el vinagre balsámico, eleve la temperatura y cocine de 4 a 5 minutos, hasta reducir a la mitad. Agregue el caldo y cocine de 10 a 12 minutos, hasta que el líquido se reduzca a la mitad. Integre la mantequilla batiendo y sazone con sal y pimienta.

Coloque las chuletas en platos individuales, bañe con la salsa, adorne con el perejil, si lo desea, y sirva inmediatamente.

RINDE 4 PORCIONES

POLENTA

La sedosa polenta es harina de maíz italiano cocido y es el complemento perfecto para esta ternera bañada con una salsa con sabor a vinagre balsámico. Busque la harina de maíz molida en un molino de piedra para obtener mejores resultados. En una olla grande sobre fuego medio-alto, hierva 5 tazas (1.25 l/40 fl oz) de agua. Batiendo constantemente, añada 1½ tazas (235 g/7½ oz) de polenta finamente molida, en chorro continuo. Integre ½ cucharadita de sal, reduzca el fuego a medio-bajo y continúe cocinando aproximadamente 20 minutos, sin dejar de mover, hasta que la polenta espese y se separe de los lados de la olla.

BRASATO AL BAROLO

Apriete la carne dándole forma cilíndrica y amárrela con hilo de cocina a intervalos de 2.5 a 5 cm (1-2 in) a lo largo. Coloque la carne en una olla que no sea de aluminio y añada el vino. Ponga el ajo, los clavos, 1 rama de romero y la hoja de laurel en un cuadro de manta de cielo (muselina). Una las esquinas y amarre con hilo de cocina para hacer un manojo. Agréguelo a la olla y voltee la carne para cubrir con la marinada. Tape y refrigere por lo menos 2 horas o durante toda la noche, volteando la carne de vez en cuando. Escurra la carne, reservando la marinada y el manojo de manta de cielo. Precaliente el horno a 190°C (375°F).

Caliente el aceite de oliva en un horno holandés o una sartén grande para asar sobre fuego medio-alto. Añada la cebolla, apio y zanahorias. Saltee de 3 a 4 minutos, hasta dorar la cebolla. Añada la carne y cocine de 6 a 8 minutos, volteando conforme sea necesario, hasta dorar uniformemente. Añada la marinada reservada y el manojo de manta de cielo y sazone con sal y pimienta. Tape y ase aproximadamente 2 horas, hasta que la carne se sienta suave al picarla con un tenedor.

Retire la carne del horno y pase a un platón. Tape ligeramente con papel aluminio mientras termina de hacer la salsa.

Retire y deseche el manojo de manta de cielo de la sartén. Vierta el contenido de la sartén a través de una coladera de malla fina colocada sobre un tazón. Vuelva a colocar las verduras y 2 tazas (500 ml/16 fl oz) del jugo en la sartén para asar. Caliente el jugo sobre fuego alto de 10 a 12 minutos, hasta que se reduzca y espese. Si lo desea, pase parte o toda la salsa a la licuadora o al procesador de alimentos y pulse hasta suavizar; vuelva a calentar en la sartén.

Corte la carne en rebanadas, acomode en un platón y bañe con la salsa. Adorne con romero y sirva de inmediato.

RINDE 6 PORCIONES

1 kg (2 lb) de ternera deshuesada, cuete o lomo de res

1 botella (750 ml) de vino tinto *(vea explicación a la izquierda)*

2 dientes de ajo, finamente picados

2 clavos enteros

1 rama de romero fresca más la necesaria para adornar

1 hoja de laurel

3 cucharadas de aceite de oliva extra virgen

1 cebolla amarilla o blanca, picada

2 tallos de apio, picados

2 zanahorias, sin piel y picadas

Sal y pimienta recién molida

CONEJO CON AJO ASADO

1 conejo (vea Nota) de 1.5 kg (3 lb), cortado en 8 piezas

1 limón

1 naranja

2 tazas (500 ml/16 fl oz) de vino blanco seco

1 rama de romero fresco

2 dientes de ajo

5 moras de junípero

¼ taza (60 ml/2 fl oz) de aceite de oliva extra virgen

Sal y pimienta recién molida

4 cabezas de ajo, asadas *(vea explicación a la derecha)*

Limpie las piezas de conejo y reserve. Retire la cáscara del limón y de la naranja en tiras finas. Exprima el jugo de ambos en un tazón grande que no sea de aluminio. Añada el vino, las cáscaras, el romero, el ajo y las moras de junípero. Agregue las piezas de conejo, mezcle para marinar uniformemente, Tape y deje marinar aproximadamente 30 minutos o 1 hora a temperatura ambiente, o durante toda la noche en el refrigerador, volteando de vez en cuando. Escurra, reserve la marinada y los sazonadores.

Caliente el aceite de oliva en una sartén grande para freír sobre fuego medio-alto. Añada las piezas de conejo y deje dorar por ambos lados, volteando una sola vez, de 8 a 10 minutos en total. Agregue la marinada reservada y los sazonadores, tape parcialmente y cocine aproximadamente de 20 a 30 minutos volteando una vez, hasta que la carne de conejo se sienta suave al picarla con un tenedor. Sazone con sal y pimienta al gusto.

Pase las piezas de conejo y la salsa a un platón y reserve el ajo asado. Sirva a cada comensal una pieza de conejo con salsa y un ajo asado entero. Cada comensal aplasta los ajos sobre el conejo al gusto.

Nota: El conejo es más común en los mercados europeos que en los americanos. Sin embargo, lo puede conseguir en una buena carnicería si lo ordena especialmente, además de que ahí lo pueden cortar en piezas para usarlo en esta receta.

Para Servir: El conejo y la salsa quedan deliciosos si se sirven con polenta (página 71). Sirva la polenta en cada plato individual, cubra con una pieza del conejo y bañe con la salsa. Sirva el ajo asado como guarnición.

RINDE 4 PORCIONES

ASANDO AJO

Precaliente el horno a 150°C (300°F). Usando un cuchillo pequeño y filoso, corte superficialmente 4 cabezas de ajo alrededor del centro sin cortar los dientes. Retire la mitad de arriba de la piel con apariencia de papel, para exponer los dientes. Ponga los ajos en un refractario previamente engrasado y rocíe con ½ taza (125 ml/4 fl oz) de aceite de oliva. Sazone con sal y pimienta, cubra con papel de aluminio, y ase aproximadamente 1 hora. Destape y ase, bañándolo frecuentemente con el jugo, aproximadamente de 10 a 15 minutos más, o hasta que al picarlos con un tenedor estén suaves.

VERDURAS

Los cocineros italianos tradicionalmente dependen de las verduras cultivadas localmente para usarlas en la mesa, cosechadas de sus propias huertas o de los campos de las granjas vecinas. Este respeto por las estaciones, hace que encuentren en el verano, jitomates y berenjenas (aubergines) en su punto máximo de sabor, mientras que el brócoli rabe, hinojo, y las verduras de hojas verdes, empiezan cuando el clima es más frío.

VERDURAS ASADAS

Prepare un asador de intemperie con carbón y deje quemar los carbones hasta que estén cubiertos por una ceniza blanca. Extienda los carbones en una capa uniforme. Para un asador de gas, precaliente a fuego alto. Barnice la parrilla con aceite de oliva.

Recorte las puntas de las berenjenas, corte a lo largo en rebanadas de 12 mm (½ in) de grueso. Deseche las dos rebanadas de los extremos, que serán de piel. Barnice ligeramente las berenjenas, radicchio, pimientos, calabacitas y hongos con aceite de oliva. Sazone ligeramente con sal y pimienta.

Usando unas pinzas y trabajando en tandas, ponga las verduras en la parrilla y ase hasta dorar ligeramente, aproximadamente de 3 a 4 minutos por cada lado, volteando una sola vez.

Pase las verduras asadas a un platón y sirva calientes o a temperatura ambiente.

Nota: Las berenjenas italianas son más largas y más delgadas que las berenjenas que se encuentran en la mayoría de los mercados del mundo. Si no las encuentra, las puede sustituir por berenjenas asiáticas, que también son largas y delgadas.

RINDE 6 PORCIONES

RADICCHIO

El radicchio es un miembro de la familia de la achicoria, un gran grupo de verduras silvestres, verdes y amargas, que crece en Italia. Actualmente se cultivan otros tipos de radicchio. Una de las variedades es el *radicchio di Treviso*, que se caracteriza por sus hojas largas, angostas y en su mayoría de color blanco o verde claro con la punta roja. Otra variedad es el *radicchio di Verona*, redondo, que tiene hojas rojas y moradas con tallos color crema y puede sustituir al Treviso si éste no se encuentra. Ambas variaciones son crujientes y agridulces y se pueden comer crudas en ensaladas o cocidas. El ligero sabor amargo de las hojas se atenúa al asarlas.

Aceite de oliva extra virgen según se necesite

2 berenjenas italianas (aubergines) (vea Nota)

2 cabezas de Treviso radicchio, en cuartos a lo largo

1 pimiento rojo (capsicum), sin semillas y cortado a lo largo en 8 trozos

1 pimiento amarillo (capsicum), sin semillas y cortado a lo largo en 8 trozos

2 calabacitas pequeñas (courgettes), limpias y cortadas transversalmente en diagonal

6 champiñones grandes u hongos cremini, las copas cepilladas

Sal y pimienta recién molida

TIMBALES DE ESPINACA

500 g (1 lb) de espinacas,
sin tallos y las hojas
limpias

3 yemas de huevo,
ligeramente batidas

½ taza (125 ml/4 fl oz)
de leche entera

½ taza (60 g/2 oz) de
queso Parmesano, recién
rallado más el necesario
para espolvorear

1 pizca de nuez moscada,
recién rallada

Sal y pimienta recién
molida

Precaliente el horno a 180°C (350°F). Engrase ligeramente 4 ramekins o refractarios individuales de ½ taza (125 ml/4 fl oz).

Ponga las espinacas en una olla, sin escurrirles el agua de sus hojas después de haberlas lavado, y cocine sobre fuego medio-alto de 1 a 2 minutos, hasta que estén marchitas y de color verde brillante. Escurra y enjuague bajo el chorro del agua fría. Cuando las espinacas se hayan enfriado lo suficiente para poder tocarlas, forme una bola y exprima la mayor cantidad de agua posible. Pique finamente y colóquelas en un tazón. Añada las yemas, la leche y el queso Parmesano y mezcle. Sazone con la nuez moscada, sal y pimienta. Divida la mezcla de las espinacas en los refractarios individuales ya preparados. Póngalos sobre una charola grande para hornear y vierta agua caliente en la charola hasta cubrir la mitad de los refractarios individuales. Meta al horno cuidadosamente y hornee aproximadamente de 55 a 60 minutos, hasta que al insertar un cuchillo en el centro del timbal salga limpio.

Retire cuidadosamente la charola del horno y pase los refractarios individuales a una parrilla. Deje enfriar cerca de 10 minutos.

Para sacar los timbales, pase un cuchillo alrededor de la orilla interior de cada refractario, cubra con un plato invertido sobre cada uno y dele la vuelta a los dos juntos. Levante el refractario. Repita la operación con los demás refractarios. Sirva los timbales calientes o a temperatura ambiente, espolvoreados con el Parmesano.

Sugerencia: Los timbales son un excelente acompañamiento para las chuletas de ternera (página 71) o el conejo (página 75). O, si desea, sírvalos con saltimbocca (página 64) en lugar de la cama de espinacas.

RINDE 4 PORCIONES

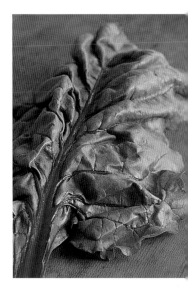

VARIACIONES DE TIMBALES

El nombre de este sabroso platillo (*timballi* en italiano) deriva de la palabra francesa timbal (tambor) y describe perfectamente a los timbales de este platillo cuando se les retira de su molde. Se pueden usar otras verduras en lugar de las espinacas. Enjuague 500 g (1 lb) de hojas de acelgas, retire los tallos duros y prepare de la misma forma que las espinacas. Para sustituir con calabacitas (courgettes) o zanahorias, corte en trozos de 12 mm (½ in), y cocine al vapor aproximadamente de 8 a 10 minutos, hasta suavizar. En un procesador de alimentos pulse hasta hacer un puré usando 2 cucharadas del líquido en que se cocieron. Necesitará 1½ tazas (375 ml/12 fl oz) de puré.

BRÓCOLI RABE CON ADEREZO
PICANTE DE ACEITE DE OLIVA

En una olla pequeña, mezcle el aceite de oliva, la cebolla y las hojuelas de pimiento rojo. Hierva lentamente y cocine aproximadamente 5 minutos. Retire del fuego y deje enfriar.

Tenga listo un tazón grande con agua helada. En una olla grande hierva tres cuartas partes de agua con sal. Agregue el brócoli y cocine aproximadamente 1 minuto, hasta que esté verde brillante y ligeramente suave. Escurra y sumérjalo inmediatamente en agua helada para detener el cocimiento. Escurra una vez más, seque ligeramente con una toalla de cocina y reserve.

Pele las naranjas rojas y corte en gajos *(vea explicación a la izquierda)*. Añada el brócoli al tazón de las naranjas y reserve.

Ponga el vinagre en un pequeño tazón de vidrio. Cuele el aceite y retire las rebanadas de cebollas y las hojuelas de pimiento rojo. Rocíe gradualmente el aceite sazonado en el vinagre sin dejar de batir. Sazone con sal y pimienta negra al gusto.

Vierta el aderezo sobre los gajos de las naranjas y el brócoli y mezcle hasta cubrir. Sirva a temperatura ambiente.

RINDE 6 PORCIONES

PREPARANDO LAS NARANJAS ROJAS (BLOOD)

El invierno nos indica su llegada con estas naranjas rojas en los mercados, con su original pulpa de color rojo-sangre y dulce jugo. Para preparar las naranjas en esta receta, corte la rebanada superior e inferior de cada naranja y déjela parada sobre una tabla de picar. Rebane la cáscara en tiras gruesas con todo y la parte blanca, siguiendo el contorno de la fruta. Corte a los lados de cada membrana para sacar los gajos y deje caer el jugo y los gajos en el tazón.

½ taza (125 ml/4 fl oz) de aceite de oliva extra virgen

½ cebolla morada, finamente rebanada

1 cucharadita de hojuelas de pimiento rojo, o al gusto

500 g (1 lb) de brócoli rabe (página 44) o brócoli, limpio y cortado en piezas de 7.5 cm (3 in)

8 naranjas rojas (blood)

2 cucharadas de vinagre de vino tinto

Sal y pimienta negra recién molida

PAPAS ASADAS CON HINOJO Y CEBOLLA

1 kg (2 lb) de papas russet o papas rojas, sin piel y cortadas en trozos de 5 cm (2 in)

1 cebolla amarilla o blanca, cortada a lo largo en 8 piezas

1 bulbo de hinojo, limpio *(vea explicación a la derecha)* y cortado a lo largo en 8 piezas

¼ taza (60 ml/2 fl oz) de aceite de oliva extra virgen

Sal y pimienta recién molida

Precaliente el horno a 200°C (400°F).

Mezcle las papas, cebolla e hinojo en una sartén para asar. Rocíe las verduras con el aceite de oliva y mezcle para cubrir. Extienda en una sola capa y sazone con sal y pimienta.

Ase aproximadamente 30 minutos, volteando ocasionalmente, hasta que las verduras estén doradas y se sientan suaves al picarlas con la punta de un cuchillo.

Retire del horno, pase a un platón y sirva de inmediato.

Para Servir: Ofrezca estas verduras como guarnición para carnes asadas o rostizadas, tales como el pollo (página 60), ternera (página 71), o res (página 21).

RINDE 6 PORCIONES

PREPARANDO EL HINOJO

Llamado finocchio en italiano, el hinojo tiene una base que se ensancha para formar un bulbo de capas acanaladas de donde emergen finos tallos. Es nativo de la región del Mediterráneo y tiene un leve sabor a regaliz y una textura crujiente. Seleccione los bulbos de color cremoso que tengan tallos frescos y su parte superior llena de hojas tipo plumas. Para preparar un bulbo, corte los tallos y las hojas y retire o reserve para otro uso. Pele la capa dura. Corte la base del corazón si está gruesa y descolorida, y corte el bulbo como lo indica esta receta.

ROLLOS DE BERENJENA RELLENOS DE QUESO RICOTTA

SALANDO LAS
BERENJENAS

Salar las rebanadas de berenjena y dejarlas reposar por un tiempo, hace que salga su jugo amargo y que drene su excesiva humedad, la cual podría causar que el relleno de estos rollos de berenjena quedara aguado. Después de pelar y rebanar la berenjena, espolvoree ligeramente ambos lados de las rebanadas con sal. Coloque las rebanadas sobre una parrilla de alambre colocada sobre una charola de hornear o en un colador sobre un plato. Deje reposar aproximadamente 30 minutos. Quite el exceso de sal de las rebanadas con una toalla de papel; no enjuague las rebanadas bajo el chorro del agua, ya que la berenjena absorbería el agua.

Precaliente el asador del horno. Engrase ligeramente una charola de hornear y un refractario cuadrado de 20 cm (8 in).

Pele la berenjena y corte la punta del extremo del tallo. Apoye la berenjena en el extremo cortado y, sujetándola, corte verticalmente 8 rebanadas de 6 mm (¼ in) de grueso. Sale las rebanadas y deje escurrir *(vea explicación a la izquierda).*

Barnice ambos lados de las rebanadas con 2 cucharadas del aceite de oliva. Acomode sobre la charola preparada, ponga en el horno aproximadamente a 10 cm (4 in) del fuego, y ase las rebanadas aproximadamente 2 minutos, hasta que estén ligeramente doradas por encima. Retire la charola del horno, voltee las rebanadas, vuelva a colocar en el horno y ase cerca de 2 minutos más, hasta que estén ligeramente doradas por el otro lado. Deje enfriar. Reduzca la temperatura del horno a 190°C (375°F).

En una sartén para saltear sobre fuego medio, caliente las 6 cucharadas (90 ml/3 fl oz) restantes del aceite. Añada el ajo y saltee cerca de 2 minutos, hasta suavizar. Añada los jitomates, albahaca y perejil y cocine de 15 a 20 minutos, hasta que espese ligeramente. Sazone con sal y pimienta. Pase a una licuadora o a un procesador de alimentos y haga un puré suave. Vierta la mitad de la salsa en el refractario preparado.

Ponga una cucharada copeteada de queso ricotta en cada rebanada de berenjena y extienda a cubrir, dejando un margen de 12 mm (½ in). Empezando por un extremo estrecho, enrolle la rebanada para cubrir el queso. Coloque los rollos en una sola capa sobre la salsa de jitomate, con la orilla hacia abajo. Cubra uniformemente los rollos con la salsa restante. Espolvoree con el queso Parmesano, distribuyéndolo uniformemente. Hornee aproximadamente 30 ó 35 minutos, hasta que la salsa burbujee y el queso esté dorado. Retire del horno y sirva de inmediato.

RINDE 4 PORCIONES

1 berenjena grande (aubergine), de aproximadamente 500 g (1 lb)

8 cucharadas (125 ml/4 fl oz) de aceite de oliva extra virgen

2 dientes de ajo, finamente picados

6 jitomates grandes maduros, sin piel y sin semillas (página 47), picados

¼ taza (7 g/¼ oz) de hojas de albahaca fresca, finamente picada

1 cucharada de perejil liso (italiano) fresco, finamente picado

Sal y pimienta recién molida

½ taza (125 g/4 oz) de queso ricotta de leche entera

½ taza (60 g/2 oz) de queso Parmesano, recién rallado

POSTRES

Cuando los italianos festejan ocasiones especiales en casa, disfrutan de los pasteles rellenos de rica crema, de la elegante pastelería en capas y de otros postres finamente decorados. Pero las comidas familiares de todos los días típicamente terminan con un surtido de frutas frescas o algunas veces con un platón de biscotti de almendras, bolas de granita helada o un tazón de fresas o frambuesas adornado con una infusión tipo Marsala de zabaglione.

BISCOTTI DE ALMENDRAS

90

PANNA COTTA CON FRESAS

93

HELADO BACIO

94

ZABAGLIONE

97

GRANITA DE ESPRESSO

98

TIRAMISÚ

100

BISCOTTI DE ALMENDRAS

Precaliente el horno a 165°C (325°F). Cubra una charola de hornear con papel encerado.

En un tazón grande, mezcle la harina para pastel, la harina de trigo, el polvo para hornear, sal y las almendras. Revuelva.

En otro tazón, usando una batidora a velocidad media, bata los huevos y el azúcar aproximadamente 2 minutos, hasta que la mezcla esté color amarillo pálido y su textura sea ligera. Añada los extractos de vainilla y naranja, más la ralladura de naranja y mezcle. Añada los ingredientes secos; bata hasta incorporar. La masa deberá estar suave y pegajosa.

Enharine sus manos, pase la masa a la charola de hornear preparada y forme una barra de 7.5 a 10 cm (3-4 in) de ancho por 30 cm (12 in) de largo. Hornee aproximadamente 45 minutos, hasta que al picar la parte del centro con un tenedor éste salga limpio. Usando el papel para hornear, levante la barra y pase a una parrilla para enfriar de 15 a 20 minutos. Reduzca la temperatura del horno a 135°C (275°F). Ponga una nueva pieza de papel en la charola. Prepare una segunda charola con papel encerado.

Ponga la barra en una tabla de picar y, usando un cuchillo dentado, corte diagonalmente en rebanadas de 12 mm (½ in) de grueso. Ponga las rebanadas hacia abajo sobre las charolas preparadas, espaciándolas cerca de 12 mm (½ in). Hornee los biscotti aproximadamente 15 minutos. Retire la charola del horno, voltee los biscotti y hornee de 10 a 15 minutos más, hasta que estén de color dorado pálido. Pase los biscotti a una parrilla para enfriar. Si no sirve los biscotti inmediatamente, guárdelos en un recipiente hermético hasta por 2 semanas.

Variación: Use 1 taza (155 g/5 oz) de avellanas (filberts) en vez de las almendras. Tueste como se indica en la página 94.

RINDE 24 BISCOTTI

TOSTANDO NUECES

El hornear dos veces el biscotti (significado de "doblemente horneado") lo hace crujiente y duradero así como sabroso e ideal para sopear en el café o en un postre dulce de vino como el *vin santo* (página 60). Para tostar las almendras para el biscotti o las nueces para la salsa de ravioles (página 48), extienda en una sola capa sobre una charola para hornear con borde y hornee cerca de 10 minutos en el horno precalentado a 180°C (350°F), moviendo ocasionalmente, hasta que las nueces estén ligeramente doradas y aromáticas. Retire las nueces de la charola en cuanto empiecen a verse ligeramente doradas y pase a un platón para enfriar.

1½ tazas (185 g/6 oz) de harina de trigo suave para pastel

1½ tazas (235 g/7½ oz) de harina de trigo, más la necesaria para espolvorear

1 cucharadita de polvo para hornear

¾ de cucharadita de sal

1 taza (170 g/5½ oz) de almendras enteras, tostadas *(vea explicación a la izquierda)*

4 huevos

1 taza (250 g/8 oz) de azúcar

1½ cucharadita de extracto de vainilla (esencia)

½ cucharadita de extracto de naranja (esencia)

1 cucharada de ralladura fina de naranja

PANNA COTTA CON FRESAS

PARA LA PANNA COTTA:

2½ cucharaditas de grenetina en polvo sin sabor

2½ tazas (625 ml/20 fl oz) de crema espesa (doble)

½ taza (125 ml/4 fl oz) de leche entera

⅓ taza (90 g/3 oz) de azúcar

1 pizca de sal

1 cucharadita de extracto de vainilla (esencia)

PARA LAS FRESAS:

3 tazas (375 g/12 oz) de fresas sin el centro y partidas en cuatro

3 cucharadas de azúcar

1 cucharadita de ralladura fina de naranja

Para hacer la *panna cotta*, en un tazón espolvoree la grenetina sobre 3 cucharadas de agua fría y revuelva hasta mezclar. Deje reposar cerca de 5 minutos, hasta que la grenetina esté suave.

Vierta la crema y la leche en una olla. Añada el azúcar y la sal; caliente sobre fuego medio moviendo para disolver el azúcar, hasta que aparezcan burbujas en la orilla de la olla. Integre la mezcla de la grenetina y retire del fuego. Deje enfriar ligeramente cerca de 10 minutos, moviendo ocasionalmente. Integre la vainilla. Divida en 6 refractarios individuales o ramekins con capacidad de ¾ de taza (180 ml/6 fl oz). Tape y refrigere por lo menos 6 horas o durante toda la noche.

Para hacer las fresas, mézclelas con el azúcar, la ralladura y 2 cucharadas de agua en una olla. Deje hervir lentamente sobre fuego bajo de 3 a 5 minutos, moviendo ocasionalmente, hasta que las fresas estén suaves. Retire del fuego. Deje enfriar a temperatura ambiente o tape y refrigere hasta por 6 horas.

Para sacar la *panna cotta* del refractario, pase un cuchillo alrededor de la orilla interior de cada refractario, ponga un plato invertido sobre cada uno y dele la vuelta a los dos juntos. Levante el refractario.

Ponga las fresas alrededor de la *panna cotta*, dividiéndolas uniformemente, y sirva inmediatamente.

RINDE 6 PORCIONES

USANDO GRENETINA

Este ingrediente sin olor, color ni sabor, derivado de la proteína animal, se usa para espesar líquidos diversos que se usan para hacer mousses, pudines y otros postres que van en molde, incluyendo esta *panna cotta*, o "crema cocida". Viene en dos presentaciones: en polvo o en hojas. Para esta receta, busque la grenetina en polvo, empacada en sobres de papel pequeños con aproximadamente 2½ cucharaditas. Para usar la grenetina en una receta, se debe disolver en un líquido caliente como en la leche usada en esta receta.

HELADO BACIO

Precaliente el horno a 190°C (375°F). Extienda las avellanas en una charola para hornear. Tueste de 5 a 7 minutos, moviendo la charola ocasionalmente, hasta que las avellanas estén doradas y aromáticas. Mientras que las avellanas estén aún calientes, colóquelas en una toalla de cocina. Frótelas para retirar la piel. Póngalas en un procesador de alimentos con ¼ taza (60 g/2 oz) de azúcar y pulse hasta picar finamente pero no demasiado.

En una olla grande sobre fuego medio, mezcle la leche, las avellanas molidas y la sal. Caliente hasta que aparezcan burbujas en la orilla. Retire del fuego y deje reposar a temperatura ambiente por lo menos 30 minutos o hasta por 2 horas.

En una olla pequeña sobre fuego bajo, caliente la crema. Retire del fuego y añada el chocolate. Revuelva hasta que se derrita y esté suave. Añada a la mezcla de la leche y mezcle. Caliente sobre fuego bajo.

Bata en un tazón, la ½ taza (125 g/4 oz) restante de azúcar y las yemas aproximadamente durante 2 minutos, hasta que espese y se torne amarillo pálido. Batiendo constantemente, vierta muy despacio ½ taza (125 ml/4 fl oz) de la mezcla de la leche caliente sobre la mezcla de las yemas. Vierta en una olla. Caliente sobre fuego medio, moviendo constantemente con una cuchara de madera, aproximadamente de 5 a 7 minutos, hasta que la mezcla quede lo suficientemente espesa para cubrir la parte de atrás de una cuchara y deje un rastro claro cuando se pasa un dedo. No deje hervir. Retire del fuego y ponga la olla en un tazón parcialmente cubierto de agua con hielos. Mueva la mezcla hasta que se enfríe. Cubra y refrigere por lo menos 4 horas o hasta por 24 horas.

Vierta la mezcla en una máquina para hacer helados y congele siguiendo las instrucciones del fabricante. Pase el helado a un recipiente para congelador, cubra y congele aproximadamente 2 horas, hasta que esté firme.

RINDE 6 PORCIONES

1 taza (155 g/5 oz) de avellanas (filberts)

¾ taza (185 g/6 oz) de azúcar

3 tazas (750 ml/24 fl oz) de leche entera

⅛ cucharadita de sal

½ taza (125 ml/4 fl oz) de crema espesa (doble)

140 g (4½ oz) de chocolate semiamargo o semidulce (simple), picado

4 yemas de huevo

ZABAGLIONE

⅓ taza (90 g/3 oz) de azúcar

6 yemas de huevo

2 tazas (500 ml/16 fl oz) de vino de Marsala dulce

2 ó 3 tazas (250 a 375 g/8–12 oz) de frambuesas

En un tazón refractario, bata el azúcar y las yemas cerca de 2 minutos, hasta que el azúcar se disuelva, la mezcla se torne amarillo pálida y tenga una textura ligera. Continúe batiendo y añada gradualmente el vino de Marsala.

Ponga el tazón sobre una olla que contenga un poco de agua hirviendo, o pase a la parte superior de una vaporera con un poco de agua hirviendo. Bata constantemente por aproximadamente 8 a 10 minutos, hasta que la mezcla espese y aumente su volumen.

Reparta las frambuesas uniformemente en los tazones del postre, reservando algunas para adornar y vierta el zabaglione en cada tazón. Adorne con las frambuesas reservadas y sirva de inmediato.

Variación: En lugar de las frambuesas puede usar zarzamoras, moras o fresas rebanadas. Cuando los higos están en temporada, retire los tallos y use 12 higos Mission o Calimyrna. Corte los higos a lo largo en cuarterones, divida en los platos de postre y cubra con el zabaglione.

RINDE 6 PORCIONES

HACIENDO ZABAGLIONE

Se cree que el zabaglione se inventó en Florencia en el siglo XVI en la corte de los Medici. Los italianos le llaman a esta natilla ligera, espumosa y caliente, "postre de cuchara" y la sirven sola o como salsa sobre fruta, pasteles o helados. El vino de Marsala, que es un vino para postre de color ámbar, es el ingrediente tradicional. Las yemas para el zabaglione deben cocinarse muy despacio en un hervidor doble en vez de cocerlas directamente al fuego, para que no se corten. Al cocinarlo lentamente y batirlo constantemente nos asegura que el postre va a tener una consistencia ligera y esponjosa.

GRANITA DE ESPRESSO

En un tazón, mezcle el espresso y el azúcar, moviendo para disolver el azúcar. Reserve y deje enfriar completamente, cerca de 30 minutos.

Vierta la mezcla en un recipiente de metal redondo o cuadrado de 23 cm (9 in). Ponga en el congelador aproximadamente 30 minutos, hasta que la mezcla se congele alrededor de las orillas. Retire del congelador y mezcle cuidadosamente con un tenedor para romper los cristales de hielo. Vuelva a poner en el congelador y revuelva cada 20 minutos durante 1 hora, hasta que se formen hojuelas.

Para servir, divida el granita en copas frías. El granita sabe mejor, recién hecho.

RINDE 6 PORCIONES

3 tazas (750 ml/24 fl oz) de café espresso recién hecho _(vea explicación a la izquierda)_

½ taza (125 g/4 oz) de azúcar

HACIENDO CAFÉ

La clave para hacer un buen café es el grano. Conocido generalmente como tostado italiano o francés, los granos de café de color tostado oscuro, producen un café con mucho cuerpo y se usan también para el espresso. Compre los granos enteros en pequeñas cantidades. Asegúrese de empezar con agua fría de la llave o con agua embotellada.

Para hacer granita con un sabor puro e intenso, use una cafetera de espresso. Para una versión más suave, haga el café en una cafetera, usando doble cantidad. Mida 2 cucharadas exactas de café molido por cada ¾ taza (180 ml/6 fl oz) de agua.

TIRAMISÚ

Mezcle el azúcar y ½ taza (125 ml/4 fl oz) de agua y cocine en una olla pequeña, sobre fuego medio, hasta que el azúcar se disuelva, moviendo frecuentemente. Retire del fuego, integre el espresso y deje enfriar a temperatura ambiente. Cuando la mezcla se haya enfriado, integre el ron.

Ponga la mezcla del espresso en un tazón ancho y poco profundo. Sumerja las soletas brevemente en el líquido, en tandas. Usando una espátula, pase las soletas a un plato. Reserve.

Para hacer el relleno, use un tazón térmico y bata las yemas y el azúcar aproximadamente 2 minutos, hasta que se disuelva el azúcar y la mezcla se torne amarillo pálido y tenga una textura ligera. Ponga el tazón sobre una olla que tenga un poco de agua hirviendo o pase a la parte superior de una vaporera con un poco de agua hirviendo. Bata la mezcla de las yemas con una batidora de mano a velocidad media, aproximadamente durante 6 minutos, hasta que espese. Retire del fuego y deje enfriar, moviendo frecuentemente.

Mientras tanto, en un tazón, bata la crema a punto de turrón, con la batidora de mano en velocidad media-alta, hasta que se formen picos.

(Continúa en la siguiente página)

½ taza (125 g/4 oz) de azúcar

2 tazas (500 ml/16 fl oz) de espresso recién hecho (página 98)

3 cucharadas de ron oscuro

45 soletas o *savoiardi* (vea Notas)

PARA EL RELLENO:

6 yemas de huevo

⅓ taza (90 g/3 oz) de azúcar

½ taza (125 ml/4 fl oz) de crema espesa (doble)

1½ tazas (375 g/12 oz) de queso mascarpone

1½ cucharaditas de extracto de vainilla (esencia)

Cocoa en polvo sin endulzar para adornar

Añada el mascarpone y la vainilla a la mezcla de las yemas. Bata con la batidora a velocidad media hasta integrar completamente y que esté suave. Incorpore la crema batida usando una espátula grande de goma.

Para ensamblar, pase 15 soletas mojadas a un recipiente cuadrado de 23 cm (9 in), con una espátula de metal. Colóquelas en una sola capa sobre el fondo del recipiente. Con una espátula de goma, extienda una tercera parte del relleno sobre las soletas. Ponga otra capa de 15 soletas sobre el relleno y extienda la mitad del relleno uniformemente. Cubra con la última capa de soletas extendiendo el resto del relleno uniformemente.

Golpee el recipiente cuidadosamente contra la superficie de trabajo para asentar los ingredientes. Tape con plástico y refrigere por lo menos 6 horas o durante toda la noche.

Para servir, pase un cuchillo alrededor de la orilla interior del refractario para despegar el pastel. Espolvoree con cocoa en polvo. Córtelo en rebanadas y sirva.

Notas: Las soletas, son galletas ligeras y planas tan largas como un dedo, que se pueden conseguir en muchos supermercados o en pastelerías. Savoiardi, la versión italiana de estos delicados pasteles esponjosos, se vende en tiendas de abarrotes especializadas y ordenándolas por correo. Este platillo incluye huevos que sólo están parcialmente cocidos. Para mayor información, vea la página 114.

RINDE 8 PORCIONES

(La fotografía aparece en la siguiente página)

QUESO MASCARPONE

El queso Mascarpone, un ingrediente esencial del tiramisú, es un queso fresco italiano muy suave y liso hecho de crema, con una consistencia parecida a la de la crema agria. Cuando este queso se refrigera, espesa lo suficiente como para untarse. Cuando está a temperatura ambiente es lo suficientemente líquido como para vertirlo. El Mascarpone es notable por su rico sabor ácido. Se vende en los mercados italianos y en algunos supermercados, en recipientes de plástico.

TEMAS BÁSICOS SOBRE LA COCINA ITALIANA

La cocina italiana de todos los días es excepcionalmente sencilla e involucra un puñado de ingredientes de calidad y sencillos métodos de cocinar. No obstante, los platillos terminados son de los más sabrosos del mundo. Esta excelencia se debe al uso de los productos locales, como las verduras de temporada, los quesos artesanales, las reses que han pastado de forma natural, el pescado fresco, y el respeto por la tradición que surge tanto por la historia como por las diferencias regionales.

COCINA REGIONAL

Después de siglos de cambiar alianzas y de olas de invasores, las diversas regiones italianas se unieron finalmente bajo una bandera en 1861. Sin embargo, aún ahora, después de más de 150 años, estas fronteras regionales se marcan no sólo por el gobierno nacional, sino también por los dialectos, las costumbres y, muy particularmente, por la comida.

La geografía es una de las razones de estas diferencias notables. La silueta larga y estrecha del país, limitando con el mar por tres de sus lados y con los Alpes atravesando la parte norte, abarca una mezcla de paisajes como colinas ondulantes, altas montañas, grandes praderas y los microclimas que naturalmente dividen a la población. Estas diferencias inherentes han hecho que cada región produzca alimentos únicos para ellos, como el vinagre balsámico de Emilia-Romagna, el aceite de oliva de Liguria y Toscana, la pasta seca de Abruzzo, el arroz de Piedmont, la res de Chianina de la Toscana y los cítricos de Sicilia.

Así mismo, cada región de Italia tiene sus interpretaciones locales, tanto en el uso de los ingredientes como en su estilo. Por ejemplo, los quesos italianos se hacen con leche de borrego, vaca o cabra, dependiendo de lo que hay en el lugar. La leche de vaca produce quesos tan diversos como el Fontina suave del Valle de Aosta y el duro Parmesano Reggiano, de fuerte sabor producido en Emilia-Romagna. Ciertamente, los quesos italianos enumeran más de cuatrocientos sabores y formas regionales diferentes.

Las condiciones económicas también agregan otra capa de influencia. La opulenta zona del norte de Italia, en donde se encuentra el valle del río Po, es una de las zonas agrícolas más productivas del país, con buenas tierras para pastar el ganado y una vital economía industrial. Esta riqueza es evidente en el uso generoso de mantequilla y otros productos lácteos, carne y el arroz local. En contraste, mucha de la economía del sur se basa en la agricultura a pequeña escala y en la pesca; esto hace que sus platillos vayan enfocados hacia los pescados y mariscos, puerco y los gloriosos productos locales.

Sin embargo, los cocineros italianos de todos los rincones del país insisten en que los ingredientes no solamente tienen que ser de la región, si no también en que deben estar en el mejor punto de la temporada. El mercado tradicional semanal, que se pone generalmente en la plaza principal de la aldea o del pueblo, es un escaparate de la cosecha local. En otoño, las canastas de los vendedores rebosan con castañas, calabazas y hongos porcini, mientras que la primavera trae una exuberancia de suaves y tiernos espárragos, chícharos y diminutas fresas silvestres.

En los últimos diez años, los supermercados se han introducido en la cocina italiana llenos de productos extranjeros y productos del campo fuera de temporada. Sin embargo, es difícil quitar las tradiciones como lo ilustra claramente la pasta, la comida más ubicua de Italia. La diferencia entre pasta seca y fresca se define por la variedad del trigo. Los granjeros en el sur cultivan el trigo duro de semolina, que es perfecto para usar en las fábricas y hacer la pasta seca, que es tan popular allá. En el norte, los campos se siembran con el trigo suave del invierno, ideal para hacer la delicada pasta fresca hecha a mano en lascocinas del norte.

Si busca ingredientes artesanales al hacer las recetas de este libro, tendrá más éxito.

HACIENDO PASTA

La masa de la pasta tradicionalmente se

prepara y extiende a mano, pero un procesador de alimentos y una máquina para pasta de mano con palanca, acelerarán el proceso.

Use ingredientes de alta calidad para hacer su propia pasta. Busque los huevos más frescos y la mejor harina de trigo (simple). A pesar de que usted puede encontrar bolsas de harina de semolina etiquetadas como "harina para pasta", éste trigo duro tiene un contenido de proteína muy alto para la mayoría de la pasta fresca. El contenido de proteína determina cuánto gluten, o elasticidad, va a desarrollar una masa. La harina de trigo tiene suficiente proteína para dar un amplio "estiramiento" y una textura suave. Ya sea que usted trabaje a mano o con un procesador de alimentos (vea la receta de la masa para hacer pasta, página 110), la masa deberá estar suave y no quedar ni pegajosa ni demasiado seca. Una vez que usted empiece a amasar, añada la harina en muy pequeñas cantidades para corregir la consistencia.

Para extender a mano la masa de la pasta, lo cual produce un resultado particularmente delicado y una textura ligeramente desigual, necesitará una superficie grande de madera o mármol y un rodillo largo y delgado (los cocineros italianos usan un rodillo de más de un metro/yarda de largo). Si en vez de esto, usted opta por una máquina para pasta, tendrá que amasar un poco más la pasta en las primeras etapas y luego producir una hoja de masa uniformemente delgada.

Corte, rellene y de forma a las pastas rellenas, como los ravioles, lo más

rápidamente posible mientras que las hojas de la masa estén todavía húmedas. Coloque los ravioles en una superficie ligeramente enharinada un poco separados. Deje secar las hojas de la masa para hacer los listones o tiras de pasta sobre una superficie enharinada cerca de 15 minutos. Para cortar la pasta ancha de listón como el pappardelle, vea la página 22. Para cortar la pasta en tiras como el linguini, extienda la hoja de la masa, aplane ligeramente la superficie y corte el rollo a lo ancho a la medida que lo desee. Si corta la pasta en tiras con la máquina para pasta, coloque el accesorio deseado y pase la hoja de la masa entre los cortadores. Ponga las tiras sobre una superficie de trabajo enharinada o en una charola de hornear. Voltee ocasionalmente para prevenir que se pegue.

Las pastas de listones o tiras se pueden guardar si no se cocinan inmediatamente. Forme con la masa pequeños nidos sin apretar y enharine. Deje reposar cerca de 30 minutos hasta que queden curtidos pero no quebradizos, envuelva herméticamente y refrigere máximo por dos días.

EXTENDIENDO, CORTANDO Y RELLENANDO PASTA PARA RAVIOLES

Antes de extender la masa de la pasta, asegúrese de que la máquina para pasta esté colocada firmemente sobre la superficie de trabajo. Para hacer ravioles, tenga lista la masa de la pasta (página 110); el relleno (vea Ravioles con Calabaza, página 55), la mezcla de huevo con agua (1 huevo batido con 1

cucharadita de agua) para sellar los ravioles; una cuchara de medir para poner el relleno y un cortador de pasta de orilla recta o un cuchillo filoso para cortar los ravioles ya rellenos.

Si usted está haciendo la pasta en listones o tiras, o en hojas para los canelones, en vez de los ravioles, siga únicamente los pasos 1 y 2. Si desea información adicional acerca de cómo extender la masa de la pasta, vea la página 110.

1 **Extendiendo la pasta:** Ajuste los rodillos en la posición más ancha, enharine la masa ligeramente, y pásela entre los rodillos aproximadamente de 8 a 10 veces, hasta que esté suave, doblándola a la mitad después de cada pasada y enharinándola ligeramente si se rasga.

2 **Obteniendo el grosor deseado:** Reajuste los rodillos a una posición más angosta y pase la masa entre ellos. Repita, pasando la masa, sin doblar y usando una posición más angosta cada vez, hasta que la masa quede del grosor deseado. Espolvoree con harina cuando sea necesario.

3 **Poniendo el relleno con la cuchara:** Ponga una hoja de pasta en una superficie de trabajo ligeramente enharinada. Usando una cuchara, coloque las cucharadas del relleno en la hoja de la pasta a intervalos de 5 cm (2 in). Barnice la superficie expuesta de la masa ligeramente con la mezcla del huevo con agua.

4 **Cortando los ravioles:** Cúbralos cuidadosamente con la segunda hoja de la pasta. Usando sus dedos, presione el área alrededor de cada relleno para sellar. Corte cuadros de 5 cm (2 in) usando una rueda de pasta o un cuchillo filoso y delgado y presione firmemente las orillas, para sellar.

COCINANDO PASTA

Para cocinar pasta se necesita bastante agua para evitar que se pegue, por lo que usted necesitará una olla de buen tamaño. Algunos cocineros prefieren usar una olla grande con un colador incluido, lo cuál elimina la necesidad de un colador para escurrir.

Para cocer la pasta use por lo menos 6 l (6 qt) de agua fría por cada 500 g (1 lb)de pasta (la olla no deberá tener más de tres cuartas partes de agua), deje hervir sobre fuego alto. Sale el agua, usando por lo menos 1 cucharada de sal por cada 500 g (1 lb) de pasta. Cuando vuelva a hervir, rápidamente añada toda la pasta al mismo tiempo y mueva constantemente. Cuando toda la pasta esté en la olla y el agua vuelva a hervir, ajuste el fuego para mantener un hervor constante, pero no fuerte. Cocine sin tapar, moviendo frecuentemente para prevenir que se pegue.

La pasta fresca se cocina rápido. Los pappardelle y los ravioles estarán listos aproximadamente en 2 ó 3 minutos, mientras que las tiras no tardarán más de 1 minuto. La pasta seca, que debemos prehidratar, toma más tiempo, típicamente de 7 a 8 minutos para el spaghetti y otras pastas largas y delgadas, y de 8 a 10 minutos para pasta corta y gruesa. Toda la pasta debe quedar firme al centro cuando esté lista, una cualidad que los italianos llaman al dente, *"al diente"*.

Para probar, muerda un trozo de pasta y mire en la sección transversal. La parte de afuera se cocina primero y su color se habrá oscurecido. La parte del centro, sin cocinar, quedará blanca. Cuando esa parte blanca esté a punto de desaparecer, la pasta estará lista.

El calor del ambiente seguirá cocinando la pasta y tendrá la consistencia perfecta cuando llegue a la mesa. Si prueba la pasta y tiene miedo de haberla sobre cocinado, trate de salvarla añadiendo inmediatamente agua fría a la olla para detener el cocimiento.

COMPRANDO PASTA

La pasta seca, ya sea spaghetti, fusilli o bucatini, solamente requiere harina y agua. Sin embargo, la manera en que estos dos ingredientes se mezclen determinará el sabor y el valor nutritivo de la pasta terminada. Busque pastas importadas de Italia de primera calidad, ya sean hechas en fábrica o artesanales. Los mejores productos están hechos de trigo duro, son presionados a través de cuñas de bronce, las cuales garantizan una textura que facilita la adhesión de la salsa; y pasan por un proceso largo de secado con aire frío que preserva los nutrientes.

Las hojas de pasta fresca se venden en algunos mercados y tiendas especializadas. Las que están hechas con huevo tienen una textura más suave, pero también caducan en menos tiempo, así es que úselas inmediatamente después de comprarlas.

HACIENDO RISOTTO

En Italia crece una gran variedad de arroces para diferentes usos. Entre ellos están el Arborio y el Carnaroli, de grano largo y con mucho almidón, siendo ambos una excelente opción para hacer el risotto, una especialidad del norte de Italia en la que el arroz hierve lentamente, integrándole líquido caliente hasta que los granos estén suaves y húmedos, pero todavía pegajosos en el centro. El Arborio es el más conocido fuera de Italia ya que se exporta popularmente, pero con el Carnaroli se hace un risotto de calidad superior debido a su extremadamente alto contenido de almidón.

Para hacer el mejor risotto, busque el arroz italiano importado empacado en bolsas de lona que permiten que los granos respiren y revise la fecha de caducidad antes de comprarlo. Los empacados al vacío y los paquetes sellados mantienen fuera los insectos, pero también privan a los granos de aire, lo que reduce la cantidad de líquido que pueden absorber una vez que están en el fuego. Los granos deberán ser opacos y tener un color uniforme y una superficie lisa. Usted se dará cuenta si compró arroz viejo o mal empacado si al levantar los granos quedan rastros de polvo de almidón en su mano o si tiene un olor raro. Guarde el arroz en una despensa fresca y ventilada.

Planee servir 3 tazas (655 g/21 oz) de arroz crudo para 6 porciones de un primer plato. El arroz cocido doblará su volumen. Escoja una olla ancha de fondo grueso. El ancho de la superficie ayuda a distribuir el fuego uniformemente, produciendo una reducción constante del líquido mientras se cocina el arroz y al ser grueso previene que se queme. Tenga los ingredientes a temperatura ambiente o calientes. Al añadir los ingredientes fríos, el arroz se impacta haciendo que el centro del grano se quede duro y que no suelte el almidón o que lo haga más despacio, que es lo que da a este platillo su terminado característico.

Para hacer el risotto hay que seguir unos cuantos pasos sencillos. La mayoría de las recetas empiezan salteando la cebolla y/o el ajo. Cocínelos hasta que estén suaves, no deberán dorarse. Algunas veces el ingrediente principal, como los hongos, se añade en este momento. Cuando están casi cocidos se retiran y se reservan mientras que el arroz hierve lentamente para volver a poner en la olla al final, para calentarlos. Al cocinar estos ingredientes en la fase inicial, hace que suelten su sabor, el cual se absorbe inmediatamente por el arroz.

Añada el arroz y "ligeramente tueste" en la mantequilla y/o el aceite de 3 a 4 minutos para cubrir los granos con la grasa, que es una capa protectora para evitar la absorción rápida del líquido en el que se cocina. Este paso hace que el arroz suelte el almidón de una manera uniforme para darle una consistencia cremosa al risotto cuando esté listo. El arroz no deberá dorarse pero sí deberá ponerse translúcido y tener un punto blanco visible en el centro de cada grano.

Posteriormente, vierta el vino y desglace la olla, raspando para soltar los trocitos pegados al fondo. Vierta el caldo, un cucharón a la vez, mezcle frecuentemente y ajuste la temperatura según se necesite. El arroz deberá cocinarse aprisa, pero teniendo cuidado de que los granos no se desbaraten. Mantenga siempre los granos bañados en un poco de caldo y mueva frecuentemente.

El tiempo total de cocimiento, desde la primera adición de caldo, por lo general es de 18 a 20 minutos, pero puede depender de la clase de arroz que se use, la forma en que haya sido procesado y de la receta. Cuando esté listo, el risotto deberá estar ligeramente cremoso y los granos deberán estar tiernos pero firmes, esponjosos y separados. Pruebe algunos granos para revisar su punto. El arroz, al igual que la pasta, se sigue cocinando con el calor residual aún después de pasarse a un platón de servir o a platos individuales. También continúa soltando almidón y absorbiendo el líquido existente. Para prevenir que el risotto se seque, se añade un poco de caldo (aproximadamente ¼ taza/60ml/2 fl oz) justo antes de quitar la olla del fuego y llevarlo a la mesa.

MARINANDO CARNE

Los cocineros italianos generalmente marinan la carne para suavizarla y sazonarla. La marinada, para ser efectiva, debe contener un ingrediente ácido como el vino (vea Vitello Tonnato, página 40) o jugos cítricos (vea Conejo con Ajo Asado, página 75). Para mejores resultados, use un vino de buena calidad o jugo recién exprimido.

Es más efectivo marinar la carne en cortes pequeños que en grandes, ya que la marinada penetra únicamente a la superficie y si perfora la carne para que la marinada alcance el centro puede causar que se seque durante su cocimiento. Escoja un recipiente que no sea de aluminio (vidrio, acero inoxidable, o plástico) para prevenir alguna reacción química con el ácido, la cual puede causar un sabor o color raro. El recipiente deberá ser de un tamaño suficientemente grande para permitir que la carne se remoje bien en el líquido. Es importante voltear la carne ocasionalmente para que toda la superficie entre en contacto con la marinada. Tape y refrigere la carne que deba marinar por más de 1 hora y déjela reposar a temperatura ambiente antes de cocinarla.

Algunas carnes se cocinan en su marinada todo el tiempo o parte del tiempo. Cuando la carne esté lista, se retira de la olla y el líquido que queda se usa para hacer una salsa para servir con la carne (vea Brasato al Barolo, página 72).

RECETAS BASICAS

Aquí presentamos algunas de las recetas básicas que se mencionan en este libro.

MASA PARA HACER PASTA

3 tazas (470 g/15 oz) de harina de trigo, más la necesaria para amasar y extender

4 huevos

1 cucharada de aceite de cártamo

Para hacer la masa en el procesador de alimentos, ponga la harina en el tazón. Bata los huevos y el aceite en una jarra de medir que tenga pico. Con el procesador encendido, vierta la mezcla de huevo a través del tubo de alimentación muy despacio, hasta que la masa empiece a separarse de los lados del tazón. Quizás no necesite todo el líquido. Pulse aproximadamente 30 segundos más y revise la consistencia pellizcando un poco de la masa. Deberá estar lo suficientemente húmeda para permanecer unida, pero no debe estar pegajosa. Si no tiene esa consistencia, pulse por unos segundos más y vuelva a probar.

Para hacer la masa a mano, ponga la harina sobre una superficie de trabajo de madera o plástico. Haga una fuente en el centro. Bata los huevos y el aceite en una jarra de medir que tenga pico. Vierta la mezcla en la fuente. Usando sus dedos, integre gradualmente la mezcla del huevo en la harina con movimiento circular.

Enharine ligeramente sus manos, forme una bola con la masa. Amase de 10 a 15 minutos añadiendo harina en pequeñas cantidades, según se necesite, para prevenir que se pegue, hasta que esté suave y elástica. Ponga la masa en una bolsa de plástico y deje reposar a temperatura ambiente 30 minutos antes de extenderla.

Corte la masa en 4 partes iguales, y regrese 3 partes a la bolsa para evitar que se seque.

Para extender la masa en una máquina de pasta, ajuste los rodillos en la posición más ancha. Aplane la masa con la mano, ligeramente enharine y pase a través de los rodillos. Doble la masa a la mitad y pase por los rodillos una segunda vez. Repita el extenderla y doblarla cerca de 6 a 8 veces más, o hasta que la masa esté suave. Enharine ligeramente la masa si se rasga o empieza a pegarse y retirando el exceso. Reajuste los rodillos a una posición más estrecha y pase la masa por los rodillos. Una vez más, reajuste a una posición más estrecha, y repita pasando la masa sin doblar por los rodillos. Continúe pasando la masa por los rodillos, sin doblarla y usando una posición más estrecha en cada paso, hasta que la masa quede del grosor deseado, generalmente su usa la penúltima posición para la pasta de listón y la última posición para la pasta rellena como los ravioles o canelones. Cada hoja deberá ser de 10 a 13 cm (4-5 in) de ancho. Para más información de cómo extender la masa de la pasta, vea la página 106.

Para extender la masa a mano, enharine la superficie de trabajo, ponga una porción de la masa y aplane con la palma de su mano. Extienda uniformemente en un círculo, aplicando una ligera presión (estire la masa con cuidado sin presionar fuerte). Extienda siempre hacia afuera y rote regularmente el disco un cuarto de vuelta al volverse más delgada. La masa estará lo suficientemente delgada cuando pueda ver su mano a través de ella al levantarla contra la luz.

Para la pasta de listón como el pappardelle (página 22) o para la pasta de tiras, extienda las hojas en una superficie de trabajo ligeramente enharinada y deje reposar cerca de 15 minutos antes de cortar. Para la pasta rellena, corte las hojas como se indica en las recetas individuales para ravioles (páginas 48 y 55) o canelones (página 56). Si no usa las hojas para rellenar inmediatamente, manténgalas en una bolsa de plástico hasta el momento de usarlas. Rinde cerca de 500 g (1 lb) de pasta

CROSTINI

1 baguette o 1 hogaza de pan campestre

Aceite de oliva extra virgen para barnizar (opcional)

Precaliente el horno a 180°C (350°F).

Si usa una baguette, corte diagonalmente 18 rebanadas de 12 mm (½ in) de grueso. Si usa pan campestre, corte rebanadas de 12 mm (½ in) de grueso, cortándolas diagonalmente a la mitad si están grandes.

Acomode las rebanadas de pan en una charola para hornear y barnice ligeramente con aceite de oliva, si se desea. Hornee aproximadamente de 10 a 15 minutos. Retire del horno y sirva. Rinde 18 crostini.

Para Servir: Unte el crostini con sabrosos untos (página 28) y sirva como aperitivo u ofrezca el crostini como acompañamiento de sopas y ensaladas.

CALDO DE POLLO

1 pollo de 1.5 kg (3 lb) cortado en piezas, o 3 kg (6 lb) de piezas de pollo como patas, alas y pescuezos

1 zanahoria, sin piel y cortada en piezas de 12 mm (½ in)

1 tallo de apio, cortado en piezas de 12 mm (½ in)

1 cebolla amarilla o blanca, cortada en piezas de 12 mm (½ in)

1 bouquet garni (página 113)

Ponga a hervir el pollo, la zanahoria, el apio, la cebolla y el bouquet garni en 4 l (4 qt) de agua sobre fuego alto. Reduzca el fuego a bajo y retire la espuma de la superficie. Deje hervir a fuego lento, sin tapar, aproximadamente por 2 horas, retirando ocasionalmente la espuma.

Pase el caldo a través de un colador colocado sobre otro recipiente y deseche las piezas sólidas. Deje enfriar. Tape y refrigere hasta que la grasa se solidifique. Retire y deseche la grasa cuajada. Tape y refrigere hasta 3 días o congele hasta por 3 meses. Rinde 3 l (3 qt).

CALDO DE CARNE

3 kg (6 lb) de huesos de res o ternera, cortados en trozos de 7.5 cm (3 in) de largo

2 cebollas amarillas o blancas, cortadas en piezas de 2.5 cm (1 in)

2 zanahorias, sin piel y cortadas en piezas de 2.5 cm (1 in)

1 tallo de apio, cortado en piezas de 2.5 cm (1 in)

1 bouquet garni (página 113)

Precaliente el horno a 220°C (425°F). Ponga los huesos y la cebolla en una refractario para asar con un poco de aceite y ase en el horno de 35 a 40 minutos, hasta dorar. En una olla grande con 12 l (12 qt) de agua, a fuego alto, hierva los huesos, la cebolla, la zanahoria, el apio y el bouquet garni. Reduzca el fuego a bajo y retire la espuma de la superficie. Hierva a fuego lento, sin tapar, cerca de 3 horas o hasta por 6 horas, retirando la espuma ocasionalmente.

Pase el caldo a través de un colador, coloque en otro recipiente y deseche las piezas sólidas. Deje enfriar. Tape y refrigere hasta que la grasa solidifique. Retire y deseche la grasa cuajada. Tape y refrigere hasta por 3 días o congele hasta por 3 meses. Rinde cerca de 5 l (5 qt).

CALDO DE VERDURAS

¼ taza (60 ml/2 fl oz) de aceite de oliva extra virgen

1 cebolla amarilla o blanca, picada grueso

1 zanahoria, sin piel y picada grueso

2 tallos de apio, picados grueso

½ taza (125 ml/4 fl oz) de vino blanco seco

1 bouquet garni (página 113)

En una olla para consomé, caliente el aceite de oliva sobre fuego medio. Añada la cebolla, la zanahoria y el apio; saltee de 5 a 8 minutos, hasta que estén ligeramente dorados. Añada el vino y desglace la olla, raspando para quitar los trocitos dorados del fondo. Eleve la temperatura a fuego medio y cocine hasta que el vino esté totalmente evaporado. Añada 4 l (4 qt) de agua y el bouquet garni; deje hervir. Reduzca el fuego a bajo y hierva a fuego lento, sin tapar, cerca de 45 minutos.

Pase el caldo a través de un colador colocado sobre otro recipiente y retire las piezas sólidas. Deje enfriar totalmente. Tape y refrigere hasta por 3 días o congele hasta por 3 meses. Rinde cerca de 3.5 l (3½ qt).

GLOSARIO

ACEITE DE OLIVA Italia y otros países de la región Mediterránea producen excelente aceite de oliva. Al procesar aceitunas verdes se obtienen aceites verdes como los que se encuentran en la región Toscana. El aceite de las aceitunas maduras es más dorado y viscoso, como el del sur de Italia.

El aceite de oliva llamado "extra virgen" es de la más alta calidad, ya que se refiere al aceite que se extrajo de la fruta sin emplear calor o productos químicos. La calidad del aceite de oliva extra virgen varía, pero el aceite está en su mejor punto cuando tiene un tono claro verdoso y un sabor fino, afrutado y algunas veces con un ligero sabor a pimienta.

AL DENTE Literalmente quiere decir "al diente". Esta frase italiana se refiere a la pasta o arroz que ha sido cocinado hasta suavizar pero que todavía está firme en el centro, ofreciendo cierta resistencia al morderlo.

ARÚGULA También conocida como "rocket", esta verdura verde y esbelta tiene hojas con muescas profundas, un atractivo sabor a pimienta y una textura suave, especialmente cuando están tiernas.

AZAFRÁN El azafrán, que se hace con los estigmas de la planta del croco, se usa en muchas regiones de Italia para añadir un tenue sabor y un apetecible color amarillo a muchos platillos, incluyendo risotto, sopas y guisados. Para obtener mejor sabor, compre estigmas o "hilos" enteros de azafrán y revise la fecha del empaque para asegurarse que estén lo más frescos posible.

BERENJENAS En las cocinas italianas, las berenjenas (aubergines) se asan, se enrollan, se rellenan y se hornean; también se usan en salsas para pasta y en platillos clásicos como la berenjena a la parmigiana y caponata. La mayoría de los cocineros están familiarizados con la berenjena globo, una variedad que es generalmente grande, con forma de pera y que tiene una piel delgada, brillante y de color morado oscuro. En la sección de verduras de muchos supermercados, también puede encontrar berenjenas italianas que son más delgadas que las berenjenas globo y su piel es también de color morado oscuro. Algunas otras variedades tienen la piel blanca, rosa, verde o jaspeada. El color de la piel no afecta el sabor.

BOUQUET GARNI Es un manojo de hierbas y especias que se añade al principio del cocimiento para sazonar el caldo, la sopa, o la marinada. Para hacer el bouquet garni, para cualquiera de las recetas de caldo de la página 111, ponga 4 ramas de perejil liso (italiano) fresco, 1 rama de tomillo fresco, 1 hoja de laurel y 4 ó 5 granos de pimienta en un cuadrado de manta de cielo (muselina). Una las esquinas y amarre firmemente con hilo de cocina para formar un paquete. Retire y deseche el paquete al final del cocimiento. Siga el mismo procedimiento en otras recetas que usen hierbas y especias en forma de bouquet garni.

CALAMARES En Italia se conocen como calamari y es un tipo de mariscos que tiene una piel suave y dulce. Ya que los calamares tienden a ponerse duros cuando se sobre cocinan, generalmente deben cocinarse brevemente en platillos como Fritto Misto (página 36), Ensalada de Mariscos (página 32) y salsas para pasta.

El calamar se vende generalmente ya limpio. Si usted compra el calamar entero y necesita limpiarlo, jale para separar la cabeza y los tentáculos de la bolsa del cuerpo. Deseche los interiores que cuelgan de la cabeza. Corte los tentáculos justo abajo de los ojos, y deseche la porción de los ojos. Apriete la parte cortada de los tentáculos para que salga el cartílago duro y redondo, y deséchelo. Jale y deseche el canutillo largo y transparente que está adentro de la bolsa del cuerpo. Enjuague el cuerpo y los tentáculos bajo el chorro del agua fría y pele la membrana gris del cuerpo usando un cuchillo pequeño y raspe los cachitos que se queden pegados. El cuerpo se puede cortar transversalmente en anillos y los tentáculos pueden cortarse en piezas del tamaño de un bocado.

CAMARONES, DESVENADOS La mayoría de los camarones tienen un intestino oscuro que generalmente se quita antes de prepararlos en alguna receta. La manera más sencilla de quitarlo es usando un cuchillo desmondador para hacer un corte superficial siguiendo la curvatura del dorso del camarón hasta alcanzar la vena. Ponga la punta del cuchillo debajo del intestino, sáquelo y enjuague los camarones bajo el chorro de agua fría y luego seque ligeramente.

FRIJOLES

Borlotti: Frijoles moteados con puntos cafés y fondo beige rosado. Se parecen en apariencia y sabor a los frijoles cranberry (arándano). Los borlotti secos se usan en sopas, incluyendo el platillo clásico de pasta e fagioli (página 13).

Cannellini: Son frijoles de color marfil que al cocinarlos poseen una textura esponjosa. Es una de las variedades más populares en Italia. Estos frijoles secos son los ingredientes de la sopa llamada *ribollita* (página 18), o se hacen puré para untar en los *crostini* (página 28), o pueden servirse como acompañamiento de varios platillos. Si no consigue los cannellini secos o enlatados, los puede sustituir por los frijoles blancos o los Great Northern.

Cranberry o arándano: Los frijoles cranberry son similares a los frijoles borlotti y son de color crema con puntos rojos. Pueden usarse en cualquier receta que requiera los frijoles borlotti.

HARINA DE SEMOLINA Esta harina ligeramente gruesa se muele del trigo durum, una variedad que es alta en proteína. Para fabricar esta pasta seca, es recomendable usar este tipo de harina. También se usa en algunas masas para pizza y pan.

HONGOS

Chanterelle: Este hongo, en forma de trompeta, tiene un color brillante amarillo dorado y tiene un sabor ligero a durazno. Esta variedad crece silvestre y no se cultiva.

Oyster: Es un hongo de color crema o gris pálido que tiene un suave sabor a marisco. Las copas se despliegan de los tallos. Estos hongos se cultivan y también crecen de forma silvestre.

Porcini: Es un clásico hongo italiano con un rico sabor silvestre. Los porcini se encuentran más fácilmente secos que frescos, fuera de Italia. Para mayor información vea la página 17.

Portobello: Es un hongo cremini maduro que llega a crecer hasta 15 cm (6 in) de diámetro. Los portobellos son de color café oscuro y su textura es rica y carnosa.

Shiitake: Es un hongo café oscuro o claro con los lados de color beige, una textura carnosa, y un rico sabor a hongo.

HUEVO, SIN COCER Los huevos que se usan crudos en una receta o que están cocidos a una temperatura mas baja de 71°C (160°F), corren el riesgo de estar infectados con salmonela o con otro tipo de bacteria que puede envenenar los alimentos. Este riesgo es mayor para los niños pequeños, gente mayor, mujeres embarazadas y cualquiera que tenga un sistema inmunológico débil. Si se preocupa por su salud y seguridad, no consuma huevos crudos o busque un producto de huevos pasteurizados para reemplazarlos. Advierta que los huevos en el Spaghetti a la Carbonara (página 51) y el Tiramisú (página 100), como también los cocidos a fuego lento, los poché y los huevos tibios, no alcanzan la temperatura necesaria para poder comerse con seguridad.

JITOMATES

Deshidratados: Estos jitomates han sido secados al sol, en un deshidratador especial o en un horno a fuego bajo para intensificar su sabor y darles una textura densa y chiclosa. Los jitomates se conservan en aceite de oliva o se empacan secos. Los que están empacados en aceite de oliva son blandos y están listos para añadirse a los platillos cocinados; también tienen más sabor que los empacados en seco. Estos últimos se tienen que prehidratar en agua caliente aproximadamente 30 minutos antes de usarse.

Plum: Son jitomates pequeños con forma de pera. También se llama Roma o jitomate guaje. Esta variedad de jitomate fresco ofrece todo el año la mejor calidad. También se pueden conseguir enlatados.

San Marzano: Es la variedad de jitomate Roma del sur de Italia y es considerada la mejor calidad. Los jitomates se enlatan y se exportan a los mercados internacionales.

MARSALA Es un vino fortificado que ha sido preservado, añadiéndole brandy, para elevar su contenido de alcohol, y su nombre viene de la ciudad Siciliana en donde se fabrica. Este delicioso vino, de color ámbar, se encuentra dulce o seco y se usa en platillos dulces y salados. El Marsala seco se disfruta como aperitivo; el Marsala dulce es el ingrediente principal para el zabaglione (página 97) y también se disfruta como vino para postres.

MORAS DE JUNIPERO Son unas atractivas frutas silvestres de color negro azulado, del tamaño de unos chícharos pequeños que se cosechan del arbusto perenne del junípero. Se usan en las marinadas para engrandecer el sabor de las carnes como conejo, cordero y venado. Su uso más conocido es para darle sabor a la ginebra.

PALETA PARA PIZZA Los cocineros, especialmente los profesionales, usan esta paleta de madera para poder pasar las pizzas ya listas al horno y sacarlas con la misma facilidad. Las paletas miden 60 cm (24 in) o más de diámetro y tienen una orilla delgada y un mango largo. También se pude usar una charola de hornear sin orilla.

PAN MOLIDO FRESCO El pan molido, fresco o seco, se usa para añadir consistencia a los rellenos de la pasta y para empanizar carne u otros ingredientes antes de cocinarlos. Para hacer el pan molido, retire la corteza de las rebanadas del pan italiano o de estilo francés, del día anterior. Parta el pan en trozos grandes, coloque en el procesador de alimentos y pulse hasta adquirir la consistencia deseada.

PANCETTA Vea la página 51.

PASTA. FORMAS

Bucatini: Tubos largos y estrechos que parecen spaghetti hueco.

Fusilli: Espirales que se tuercen como sacacorchos o resortes. Todas las curvas que tienen son ideales para guardar salsas robustas, espesas o cremosas.

Linguine: "Pequeñas lenguas". Son listones planos y estrechos del mismo largo que el spaghetti y aproximadamente 3 mm (1/8 in) de ancho.

Orechiette: "Pequeñas orejas". Son pequeñas y cóncavas.

Pappardelle: Listones de pasta que van de 12 mm (1/2 in) a 2.5 cm (1 in) de ancho (vea la página 22).

Spaghetti: Hilos largos, delgados y cilíndricos. El nombre viene de la palabra italiana que quiere decir hilos.

PIEDRA PARA PIZZA Es una pieza de cerámica sin vidriar, de forma cuadrada rectangular o redonda, que crea el efecto de un horno de ladrillos en el horno casero. También se le llama piedra de hornear o azulejo de hornear y se debe precalentar en el horno

aproximadamente 45 minutos o hasta por 1 hora antes de hornear. La pizza, o algún otro pan, se coloca sobre la piedra caliente usando una paleta de madera.

QUESO

Fontina: Es un queso de leche de vaca con un suave y ligero sabor a nuez, con una textura firme y cremosa y un ligero aroma embriagador. El Val d'Aosta, o Valle de Aosta, del noroeste de Italia produce el queso fontina más fino, el cual se exporta a los mercados internacionales.

Gorgonzola: Es un queso azul de leche de vaca del norte de Italia con una textura húmeda y cremosa y un sabor complejo. Puede ser *dolce* o *naturale.* El queso *dolce* es un queso joven y suave; el *naturale* es añejo, con un sabor más fuerte y más aromático. El queso Dolcelatte, una marca particular del Gorgonzola *dolce,* es más suave que los otros quesos Gorgonzola normales.

Parmesano: Es un queso de leche de vaca, firme, añejo y salado. El Parmesano, que se produce en la región Emilia-Romagna de Italia, es conocido con la marca Parmigiano-Reggiano. Tiene un sabor rico y complejo, y una agradable textura granular que lo hace ideal para gratinar y espolvorear sobre la pasta, revolver con el risotto, añadir al pesto y usar en el relleno de los ravioles. Para garantizar su frescura, compre el queso en trozo y rebane o ralle solamente lo que requiera la receta. Si no encuentra el auténtico Parmigiano-Reggiano, lo puede sustituir con los quesos de la marca "grana" que es un término genérico para los quesos duros para rallar de grano fino hechos en la misma zona.

Ricotta de Leche Entera: Para hacer queso cuajado, se añade a la leche un agente para cortar la leche y hacer que los sólidos se corten. Los cuajos se drenan, se les da forma y se

añejan. El líquido que suelta después de drenar es el suero, el cual se procesa más, o se "recocina" (*ricotta* en italiano), para crear el queso ricotta. El queso ricotta de leche entera es el indicado para las recetas de este libro ya que el queso de leche descremada tiende a ser menos espeso.

RUEDA PARA CORTAR PASTA La rueda para cortar pasta es muy práctica para cortar o recortar la masa. La rueda es una navaja circular de filo recto u ondulado, adherida a una manija que le permite rodar a través de la masa.

VIN SANTO Vea la página 60

VINAGRE BALSÁMICO Aceto balsamico tradizionale, o vinagre balsámico tradicional, viene de la región italiana de Emilia-Romagna. Está hecho con uvas cocidas y añejadas en barricas construidas de varias maderas aromáticas durante cierto tiempo. El producto final es ligeramente espeso y viscoso, con un dulce sabor añejo y se usa con moderación, como condimento para los platillos terminados. Nunca debe cocinarse. El vinagre balsámico de Modena, un pueblo en Emilia-Romagna, es un vinagre de vino más joven con colorizantes y aromatizantes a caramelo. Se puede conseguir ampliamente fuera de Italia. Se agrega a las vinagretas y se usa para hacer glaseados para carnes y para una preparación llamada agrodolce (página 31)

ÍNDICE

DEGUSTIS
Es un sello editorial de
Advanced Marketing, S. de R.L. de C.V.
Aztecas 33, Col. Sta. Cruz Acatlán, C.P. 53150 Naucalpan, Estado de México

WILLIAMS-SONOMA
Fundador y Vicepresidente: Chuck Williams

WELDON OWEN INC.
Presidente Ejecutivo: John Owen; Presidente: Terry Newell;
Vicepresidente, Ventas Internacionales: Stuart Laurence; Director de Creatividad: Gaye Allen;
Editor de Serie: Sarah Putman Clegg; Editor Asociado: Heather Belt; Diseño:Teri Gardiner;
Director de Producción: Chris Hemesath; Gerente de Color: Teri Bell;
Coordinación de Embarques y Producción: Libby Temple

Weldon Owen agradece a las siguientes personas por su generosa ayuda y apoyo en la producción
de este libro: Editor de Copias; Carolyn Miller y Sharon Silva; Editor Consultor: Carrie Bradley;
Estilista de Alimentos: Sandra Cook; Asistentes de Estilista de Alimentos: Elisabet der Nederlanden,
Melinda Barsales y Annie Salisbury; Consultor de Recetas Peggy Fallon;
Asistentes de Fotografía; Noriko Akiyama y Heidi Ladendorf; Corrección de Estilo: Desne Ahlers
y Carrie Bradley; Diseñador de Producción; Linda Bouchard; Índice: Ken DellaPenta
Supervisión de la Edición en Español: Francisco J. Barroso Sañudo.

Título Original: Italiana   Traducción: Concepción O. De Jourdain, Laura Cordera L.
Italiana de la Colección Williams-Sonoma fue concebido y producido por Weldon Owen Inc.,
en colaboración con Williams-Sonoma.

Una Producción Weldon Owen Derechos registrados © 20023 por Weldon Owen Inc, y Williams-Sonoma Inc.

Derechos registrados © 2004 para la versión en español: Advanced Marketing, S. de R.L. de C.V.
Aztecas 33, Col. Sta. Cruz Acatlán, C.P. 53150 Naucalpan, Estado de México

Presentado en Traján, Utopía y Vectora.

ISBN 970-718-163-X

Separaciones de color por Bright Arts Graphics Singapur (Pte.) Ltd.
Impreso y encuadernado en Singapur por Tien Wah Press (Pte.) Ltd./Printed and bound in Singapore by Tien Wah Press (Pte.) Ltd

1 2 3 4 5   04 05 06 07 08

UNA NOTA SOBRE PESOS Y MEDIDAS
Todas las recetas incluyen medidas acostumbradas en Estados Unidos y medidas del sistema métrico.
Las conversiones métricas se basan en normas desarrolladas para estos libros y han sido
aproximadas. El peso real puede variar.